高校体育教学理论与实践研究

殷　姿　王艳茹　罗国燕　著

中国青年出版社

图书在版编目(CIP)数据

高校体育教学理论与实践研究/殷姿,王艳茹,罗国燕著.--北京:中国青年出版社,2024.11.

ISBN 978-7-5153-7566-3

Ⅰ.G807.4

中国国家版本馆 CIP 数据核字第 2024QP9224 号

高校体育教学理论与实践研究

作　　者:殷　姿　王艳茹　罗国燕

责任编辑:刘　霜　罗　静　邵明田

出版发行:中国青年出版社

社　　址:北京市东城区东四十二条 21 号

网　　址:www.cyp.com.cn

编辑中心:010－57350508

营销中心:010－57350370

经　　销:新华书店

印　　刷:北京联兴盛业印刷股份有限公司

规　　格:710mm×1000mm　1/16

印　　张:10

字　　数:137 千字

版　　次:2024 年 11 月北京第 1 版

印　　次:2024 年 11 月北京第 1 次印刷

定　　价:68.00 元

前　言

在不断深化素质教育改革的当下，高校体育教学成为教育重要的组成部分。高校越来越重视体育教学，并且针对体育教学进行了多种教学模式的探讨。在实际的教育体系构建过程中，高校体育教学和运动训练进行协调发展，是深化体育教学的重要方法，只有运动训练和高校体育教学的协调发展，才能更好地让学生参与体育运动，在促进学生身体发展的同时，确保学生树立终身体育的意识，实现学生的全面发展。

本书首先对体育教学进行了阐述，之后对高校体育教学的基本概况、组织与管理进行探讨，在此基础上再研究高校的体育教学方法和模式、高校体育运动教学与训练，并进一步研究新时期高校体育的创新。

笔者在撰写本书的过程中参考了相关的研究资料，在此对相关学者表示诚挚的谢意。同时，如有错误疏漏之处，恳请读者批评指正。

目 录

第一章 体育教学概述 …… 1

第一节 体育教学的概念与性质 …… 1

第二节 体育教学原则 …… 3

第三节 体育教学过程 …… 13

第四节 体育教学评价 …… 19

第二章 高校体育教学基本概况 …… 28

第一节 体育教学与高校体育教学 …… 28

第二节 高校体育教学的特点与目标 …… 35

第三节 高校体育教学的功能 …… 46

第三章 高校体育教学的组织与管理 …… 50

第一节 高校体育教学组织与管理概述 …… 50

第二节 高校体育教学组织与管理的方法 …… 63

第三节 高校体育教学组织与管理的基本内容 …… 69

第四章 高校体育教学模式的理论与实践 …… 74

第一节 高校体育教学模式现状及其发展趋势 …… 74

第二节 高校体育教学模式要素及整体优化 …… 80

第三节 高校体育教学模式中发挥学生主体性研究 …… 85

第四节 高校体育教学欣赏型模式构建 …… 92

第五章　高校体育运动教学与训练实践探究 …………………………… 99
第一节　篮球运动教学与训练实践探究 …………………………… 99
第二节　游泳运动教学与训练实践探究…………………………… 111
第三节　体育舞蹈教学与训练实践探究…………………………… 122
第四节　武术运动教学与训练实践探究…………………………… 131

第六章　新时期高校体育教学的创新研究……………………………… 137
第一节　高校体育教学创新原则及路径…………………………… 137
第二节　高校体育教学中学生创新意识与能力的培养………… 142
第三节　构建高校体育教学创新体系……………………………… 144
第四节　高校体育教学模式的创新改革…………………………… 147

参考文献……………………………………………………………………… 151

第一章　体育教学概述

第一节　体育教学的概念与性质

一、体育教学的概念

体育教学是众多学科教学中的一种具体形式，为了更深入地认识体育教学的概念，需要了解教学的相关知识，对教学的基本含义进行分析是认识体育教学的重要前提。

（一）教学的基本含义

教学是一种动态行为，是教学工作者对具体的学科或技能组合进行的一种有组织、有计划的教学行为。可以从宏观和微观两个方面对教学的含义进行分析。

从宏观角度来讲，教学是一种特殊的教育活动，它是指教学者以一种或多种文化为对象，对受教者进行教育，以期让受教者获得这种文化的活动。其中的教学者是掌握某种知识或技能的人，他与接受教育的人共同构成教学的主体。

从微观角度来讲，教学是一种直观的教师进行教授和学生进行学习的活动。在这个活动中，教师是教学的引导者，是教学活动的组织者和知识传授者；学生是教学的“受众”和主体。简而言之，教学是一种以特定文化为对象的“教”与“学”的活动。

综上所述，教学是一种教育活动，这种活动需要教师和学生的共同参与，并为了实现某一具体的教学目标而相互协作。

(二)体育教学的概念分析

与其他形式的教学一样，体育教学同样需要系统的组织与管理；与其他学科教学不同的是，体育教学对教学环境的要求更高，所需器材和教学场地更加严苛。因此，体育教学并不是一种随意的教学活动，更不能将其等同一种课余的休闲娱乐活动，它需要很多要素才可以正常、合理、科学地开展。

从本质上来讲，体育教学主要在学校中进行，主要参与者是体育教师和学生；具体的活动内容指在教师的组织和指导下，学生对体育相关的基本知识、体育运动技能、体育运动素养进行了解、掌握和提高；教学的目的在于促进学生身心健康发展、完善学生的个性心理特征、提高学生的社会适应能力，使之成为社会需要的人才。

体育教学过程中，体育教师应在充分认识和理解体育教学概念的基础上，将教学的概念与体育相关知识相结合，从而形成新的教学内容与教学方法。

二、体育教学的性质

性质是决定事物本身与其他事物最根本的区别，性质不同的两种事物带来的表象自然有一定的区别。体育教学和其他学科教学最根本的区别就在于它本身所具有的体育教学性质，这种性质使其具有以下特征：

第一，体育教学的教学地点多为户外。

第二，教学中师生都要承受一定运动负荷与心理负荷。

第三，教学过程是身体活动与思维活动的结合，并且还有比较频繁的人际交往。

第四，体育教学侧重发展学生身体的时空感觉及运动智力。

第五，教学更加关注学生自我操作与体验等。

现代体育教学最重要的教学形式就是体育运动技能的教学，它是体育育人的主要方式。而对运动技能的传授也是体育教学与其他学科教学的主要区别之一。在体育教学中，学生全面掌握体育运动技能，需要经过三个教学阶段(认知阶段、联系阶段与完善阶段)才能实现。具体来说,在体育运动技能的认知阶段中,学生与体育运动技能之间的联系最为密切,该阶段教学的主要目的就是学生对所学技能的结构、要素、关系、力量、速度等要素进行表象化的认识。从这一角度来看,体育运动技能仅仅是学生提高身体素质、完成技术动作的一种方法,因此,可以认为,运动技术不具有人的特性,而只是一种“操作性知识”。

通过以上论述我们可以认识到,体育教学的本质就是一种针对运动技术和知识的教学。在体育教学中,学生学会了运动知识并将之转化为运动技能,体育教学的目的就达成了。

第二节　体育教学原则

一、体育教学原则提出的客观依据

原则是指人们说话办事依据的准则和标准。在人类教育发展的过程中,人们通过研究教学工作总结各种教学实践经验,得出了教学成功的规律,提出了各种各样的教学原则。教学原则是依据一定的教学目的任务,遵循教学过程的规律而制定的对教学的基本要求,是指导教学活动的一般原理。教学原则来源于教学实践,是人们经过长期的教学活动,对教学客观规律进行的归纳和总结,它体现了人们对教与学发展过程中客观规律的认识。

体育教学原则是教师或专家在教学实践中经过长期的教学经验的积累,通过科学的研究总结上升到体育教学的理论。教学原则不是随意提出来的,它的提出主要有以下四点客观依据:

(一)体育教学目的是体育教学原则的重要依据

体育教学原则的制定和实施要依据一定的教学目的。体育教学就是要实现一定的教学目的,完成一定的教学任务。任何一个教学原则或教学原则的提出,必须服从一定的教育目的。我国体育教学的目的,是使受教育者在德、智、体、美、劳全方面都得到发展，成为从事社会主义现代化建设的有用人才。这一目的从总体上规定了社会主义学校教学活动的发展方向和预定的发展结果，指导和支配着教学活动的各个方面。教学原则作为指导教学活动的基本要求，必须遵循和反映这一目的。

(二)体育教学原则是体育教学经验的概括和总结

体育教学原则的制定要依据体育教学实践经验。体育教学原则是对长期体育教学经验的概括和总结。实践是检验真理的唯一标准，体育教学实践经验对体育教学原则的制定永远具有重要意义，它不仅是制定体育教学原则的依据，还是检验体育教学原则的标准。体育教学原则的正确性、实效性，不是由人的主观意愿来决定的，体育教学实践是唯一的检验标准，通过体育教学实践可以进一步修正、完善体育教学原则。人们在从事体育教学实践的活动中，不断探索出成功的经验或失败的教训，对这些经验和教训我们要反复认识，不断地总结和完善，由感性认识上升为理性认识，经过抽象概括，对体育教学规律有所认识，从而制定体育教学原则。

(三)体育教学原则是体育教学规律的反映

体育教学原则反映的是体育教学过程的客观规律，它的提出必须以体育教学过程的客观规律为依据。然而，由于受很多因素的影响，人们对体育教学过程规律的认识又是不相同的。人类对体育教学过程规律的认识是逐渐接近的，而不是一蹴而就的。不同年代、不同教育家提出的体育教学原则也不同，但都反映了人们对体育教学规律一定的认识水平。体育教学原则与体育教学规律的不同在于体育教学规律是客观存在的，是不以人的意志为转移的，人们可以认识它或利用它，但不能制造它或消灭它；体育教学原则则不同，一方面，其固然要有对教学规律的认识；另一方面，其必然加进了制定者的主观意志因素。因此，研究和制定体育教学原则时，必须深刻认识和了解教学规律。

(四)体育教学原则的意义与作用

在整个体育教学过程中，体育教学原则是教学过程的出发点，它在一定程度上决定着体育教学内容的安排、体育教学方法的选择和体育教学组织形式的运用。体育教学原则确定之后，它对体育教学活动中的内容、方法、手段、形式的选择都有着积极而重要的作用。体育教学原则产生于人们长期的体育教学活动实践中，它本身凝结着众多优秀教师的宝贵经验。因此，科学地体会教学原则在人们体育教学活动实践中的灵活运用，对体育教学活动有效、顺利地开展，对体育教学活动质量和效率的提高都有着积极的作用。

体育教学活动越是符合体育教学原则，体育教学活动就越容易成功；反之，体育教学活动越是脱离体育教学原则的要求，体育教学活动就越可能失败。但由于体育教学活动是在不断发展的，体育教学模式又是多种多样的，不同的体育教学模式需要不同的体育教学原则与之适应，因而体育教学原则也处在不断变化与发展之中。所以，正确地理解和贯彻体育教学过程中的客观规律，对明确体育教学目的、选择与安排好体育教学内容、正确地运用体育教学方法、提高体育教学质量、加速体育教学进程、完成体育教学任务具有重要意义。

学习和掌握体育教学原则能使教师按照体育教学的客观规律组织体育教学活动，正确解决体育教学内容、体育教学方法和体育教学组织形式等一系列理论与实践问题。如果遵循体育教学原则进行体育教学工作，就能提高体育教学质量，达到预期的体育教学目标；如果违背了体育教学原则，则会事倍功半，甚至劳而无功。

二、体育教学原则体系构建

体育教学原则体系是指反映体育教学规律的多个原则不是孤立分散的个体，而是有机地相互联系的组合。只有建立一个科学完整的体育教学原则体系，才能发挥体育教学原则对整个体育教学过程及体育教学活动的各个基本环节的指导作用。要取得体育教学的成功，就必须把整个体育教学原则体系综合地运用起来。体育教学原则的作用在于保证学生获得知识、技能和技巧，而这些原则又是相互关联、相互支持的，可以构成一套相对独立的体系。实际上,学生在学习过程中,由于各种智力因素和非智力因素是相互联系的,形成了各自相对独立的体系,而体育教学原则正是在这个基础上制定的,因此,必然会形成一套体系。

可见,体育教学原则既有共同性,也有特殊性,不同的学生应采取不同的体育教学原则体系。无论从哪个角度或出发点来提出体育教学原则体系,都必须突出体育教学的特点,体现体育教学特点的内容,这也是制定体育教学原则最为基本的要求。

(一)师生共同协作原则

师生共同协作原则是指在体育教学活动中,体育教师在充分发挥主导作用的同时,还要充分调动学生学习的主动性和积极性,使体育教学过程完全处于师生协同活动、相互促进的状态之中。它的实质就是要处理好体育教师与学生、教与学的关系。师生共同协作原则是体育教学过程中教与学相互影响与作用规律的反映。教学是教师的教和学生的学相互作用的活动过程。在这个过程中,体育教师的活动与学生的活动只有朝着一个共同的方向,相互配合、相互协调,才有可能取得比较好的体育教学效果,完成体育教学任务。体育教学实践中要实现师生共同协作原则,须遵循以下四点要求:

1.发挥体育教师的主导作用

体育教师应充分发挥自身在体育教学中的主导作用,在教学过程中要培养学生的学习兴趣。师生活动的协同,不仅是体育教师积极地教,更重要的是学生能够积极地学,也就是让学生主动地参与和适应体育教学过程。体育教师必须教给学生学习的方法,培养学生独立的思维能力,使学生真正获得学习的主动权。在学生遇到问题时,教师要引导学生做出正确的选择或找到解决问题的办法。在体育教学过程中,体育教师要根据体育课程的特点,在传授知识技能的同时传授学习方法,可以向学生做科学学习方法的示范,还可以在课后定期召开学习经验交流会,使学生学到有效的学习方法。体育教师要想很好地发挥主导作用,就必须具有较高的素质,以高质高效的工作去满足社会和学生的需求,有能力、有水平、有方法、有热情地去组织实施体育教学活动。所以，体育教师必须提高自身素质教养，这样才能在体育教学过程中对学生进行很好的教育，使学生懂得更多的知识。

2.调动学生学习的积极性，提升学生的参与意识

教学的启发性表现在采取有效的方式激发学生学习的积极性，引导学生自己解决问题。在体育教学中，教师通过启发性的提问、正误示范的对比、做动作前的想象回忆，以及组织学生互相观察、互相帮助，鼓励学生完成动作时进行自我评定和自我调节等措施，促进学生的积极思维，提高其学习的自觉性。要想知道体育教师在体育教学中对学生的启发教育工作做得如何，就看他在教学中是否善于引导学生开动脑筋去思考问题，学生是否主动地去学习。

体育教师在教学中的主导作用是否能发挥好，主要看在其在教学过程中是否充分尊重了学生的主体地位，是否充分调动了学生的积极性，是否积极地鼓励学生参与教学活动。在体育教学中，教师要着重培养学生的独立性和创造性，培养学生独立解决问题的能力和创造性地运用所学的知识、技能、技术的本领。所以，体育教师在课堂中要引导学生敢于提问题、善于提问题，学会用多种方法解决同一问题，从而使学生的思维得到锻炼。

3.依据教学任务确定教学内容

体育教学要想激发学生的主动性和积极性，教学内容就必须符合学生的实际需要和兴趣。教学内容过难或过易，标准过高或过低，学生无法完成教学任务或很容易就完成了教学任务，这些都会影响到学生的积极性和主动性。体育教师应该根据学生的具体情况和教学任务来确定教学内容，在教学中制定符合学生实际情况的参照标准。有了参照标准，教师就可以对不同的学生进行正确的评价，不断激励学生，使其努力达到标准，让学生有成就感，从而增强学生的信心，有效地激发学生学习的积极性和主动性。

4. 培养学生对体育学习的浓厚兴趣

要使学生积极主动地参与体育学习，完成体育教学任务，前提是学生对体育学习感兴趣。如何培养学生对体育学习的兴趣，就需要体育教师在教学实践中善于发现学生学习的特点和心理倾向，这个问题还有待进一步研究。

首先，通过体育教学活动使学生不断有新的进步，从而获得成就感，即获得成功的体验。一个人在实践中对某一事物产生兴趣，往往是在取得了进步或成功，受到鼓励或赞赏并获得满足感后逐渐形成的。为此，体育教师应努力使学生具有良好的学习状态，树立学生学习的信心，使他们看到自己的进步。

其次，学习的兴趣与学习的动机是相互关联的，有的学生通过考核取得了好成绩，就会表现出对学习的主动性和积极性。如果学生通过努力取得了更大的成功，获得了鼓励和赞赏，再通过教师的正确引导和帮助，就可能会使其兴趣得到巩固和提升。所以，在体育教学中教师要注意培养学生的学习兴趣，使学生的兴趣和正确的学习动机结合起来，逐渐对体育学习产生更大的兴趣和爱好。

(二)因材施教原则

因材施教原则要求体育教师在教学中从实际出发，根据不同对象的具体情况，采取不同的方法，进行不同的教育，使每个学生都能在各自原有的基础上得到充分发展。在教学中教师要正确理解和重视因材施教原则，并贯彻好因材施教原则，杜绝用一个固定的尺度去衡量所有学生，抑制学生的个性发展。体育教学中贯彻因材施教原则时，要遵循以下四点要求：

1. 深入细致地了解学生

在体育教学中要贯彻因材施教原则，教师必须研究和了解学生，这是整个教学的根本出发点，也是因材施教原则的前提条件。教师研究和了解学生，就是要弄清每个学生的兴趣、性格特点、学习态度、知识基础、健康状况、家庭背景等。教师可以通过问卷调查、查阅资料和咨询等方法对学生进行细致的了解,找出每个学生存在的个体差异,并对这些个体差异进行全面的分析,在此基础上考虑区别对待的对策。对于学生的个体差异,教师要区别对待,要用发展的眼光看问题,要做到具体情况具体分析。

2. 因材施教与统一要求相结合

统一要求是指按照国家统一规定的教育目的、教学计划来进行教学。教学要达到国家规定的基本要求就必须按照统一要求来完成教学任务。体育教师要教育和要求学生正确处理好体育学习与发展个人兴趣、爱好、特点的关系,使他们能够按照国家的统一标准努力学好课程知识。在实施统一要求的同时,教师再根据个别差异进行重点指导,使学生充分发挥个人的特长。有了统一要求,体育教学才会有共同的标准规格,才不会降低教学水平;教师做到了因材施教,才能有效地使学生得到充分发展。

3. 正确对待学生个体差异

每个学生的身体素质、心理特点、兴趣爱好、知识掌握的程度等方面都有可能存在差异,这些差异在体育教学中的影响是相当复杂的。一个学生可能在某些方面会表现出长处,而在另一方面则会表现出短处,或者在其他方面存在着差异。比如在思考问题上,有些学生思维敏捷,反应较快,善于逻辑推理;有些学生则可能反应比较迟钝。这些差异的形成原因是多方面的,有的是个性特点的表现,也有的是学习上的成败体验造成的。体育教师必须对学生表现出的差异特点进行全面而具体的分析并进行个性化的教学。同时,体育教师要明白,这些个体差异具有不稳定性,某一方面的短处在一定条件下是可以转化为长处的。所以,教师要用发展的眼光看问题,正确看待个体间的差异,引导学生互相帮助、互相学习、互相评价等。学校可以通过开展一些活动,使师生养成正确对待个体差异的意识。

4. 通过各种教学形式创造因材施教的条件

在体育教学活动中,教师要采用多种教学组织形式因材施教,根据不同类型的学生采取有针对性的、灵活多样的措施。对身体条件和运动技能比较好的学生,教师不仅要发现他们,更重要的是要采取有效的措施精心培养他们，为他们进一步发展创造良好的条件和提出更高的要求；对身体条件和运动技能比较差的学生，教师可以单独给他们补习功课，给予特别的关怀和照顾，并深入研究他们的心理活动特点，从实际出发，制定一套适合他们情况的教学措施。另外，体育教师还要针对不同的学生制定不同的教学形式，提出不同的教育措施。教师应通过多种教学形式使全体学生都能有进步，使每个学生都能体验到学习和成功的乐趣。

（三）促进身体健康与全面发展原则

体育教学的首要任务是促进身体的健康，帮助学生实现全面发展的目标。“健康第一”是体育教学最重要的思想，体育教师要把提升学生身体健康水平与学生的身心全面和谐发展有机地统一起来，把传授体育知识、技能、技术与培养能力、发展个性统一起来，全面实现体育教学目标。体育教学就是通过身体的练习促进学生身体各器官机能的发展，提高身体健康水平，达到强身健体的目的，使学生有充沛的精力完成各项教学任务，并为终生体育奠定基础。有了健康的身体，才能更好地培养感知、观察、判断、想象等能力和创造性思维，才能养成健康的情绪和情感、良好的行为习惯、高尚的道德情操，从而使身心各方面都得到和谐发展。在体育教学中要贯彻促进健康与提高学生整体发展的原则，须遵循以下五点要求：

1.全面贯彻教学大纲提出的目标和要求，发挥好体育教学功能

体育教师要认真学习、把握体育教学大纲精神，把“健康第一”的精神作为指导。在贯彻教学大纲精神的同时，教师还要注重基本理论知识的教学，让学生从书本上学到更多的知识，了解健康的价值，以便更好地实施体育实践活动。教师要加强学生的心理健康教育，教育学生热爱生命，提升身体健康水平，适应社会各种环境，增强心理承受能力和遇到挫折时的承受能力。

2.通过体育基础知识的学习，使学生学会自我学习

体育与健康的基础知识在体育教学中起着重要的作用。教师通过理

论知识、基本技术、基本技能的教学，促使学生主动地学习，使学生学会学习，学会自我锻炼、自我评价，学会科学的锻炼方法。这样学生就能够在良好的学习氛围中快乐、主动地学习，为身心健康、全面发展和终身体育奠定基础，从根本上学会学习、学会做事、学会做人。

3. 体育教学必须通过各种方法促进学生身体各部位全面健康发展

体育教学活动是指在提高基本技术、基本技能的基础上，促进学生身体各部位、各器官、各系统的机能和基本活动能力得到全面发展的活动。人体是在大脑皮层统一调节下的有机体，尽管身体任何运动都是相互联系、互相制约的，身体上某一运动器官的活动，都会对其他部位生理机能有促进作用，但是如果经常进行单一的身体项目，偏于某个部位或某一器官的活动，就会造成身体某些部位的畸形发展，影响整个身体的全面健康发展。因此，体育教学要注重运用多种教材、多种手段、多种方法，有计划地对学生身体进行科学、全面的训练，系统地提高学生的身体素质，使学生身体均衡、健美、健康地发展。

4. 教学计划应结合体育教学促进学生身心全面发展

体育教师在制订体育教学计划时，应结合体育教学，把促进学生身心全面发展贯穿整个教学过程，使学生得到全面的锻炼；合理安排各教材内容，结合各教材内容的特点，相互弥补各教材内容的缺失，使学生更好地进行练习，使学生身心得到更好的发展。体育教学具有很多特点，但也会受季节、场地器材、气候等不同条件的限制。因此，仅仅通过短时间的教学，就达到全面锻炼的目的是不现实的，只有把长时间的教学看作一个完整的过程，才能做出合理的、全面的安排。一个完整的教学过程是由每一节课组成的，所以，教师必须重视每一节课的教学安排，使教学内容尽量全面。

5. 在体育教学的各个阶段注意促进学生全面和谐发展

在体育教学中，体育教师制定教学任务、选择教学内容和运用各种教学手段与方法时，应注意提高学生的健康水平，促进学生全面和谐发展。

体育课的活动包括身体各部分的活动，既要能提高身体素质，又要能促进身体各部位的发展，还要有针对性地安排某些提高身体素质的内容，这样才可以弥补基本教材对身体全面发展的不足。

(四)适量性原则

适量的身体运动负荷原则是指在体育教学活动中，根据体育教学的特点，合理安排学生能够接受的生理负荷和心理负荷，使练习与间歇合理交替，使机体不断适应新的负荷的刺激，以满足学生锻炼身体和掌握运动技能的需要，达到增进健康、增强体质的目标。在体育教学中要贯彻适量的身体运动负荷原则，须遵循以下四点要求：

1. 适量的身体运动负荷要遵循体育教学的目标

适量的身体运动负荷的最终目标就是锻炼身体和提高运动技能，只有科学地安排运动量，才能更好地实现教学目标。合理安排身体的运动量对实现体育教学目标起着决定性作用，教师不能忽视运动对教学目标的影响，更不能一味地追求相同的运动量或大运动量，教师要让学生意识到这一点，并合理地安排身体的活动量。

2. 通过科学的教学方法合理安排适量的身体运动负荷

体育运动项目及练习的方法多种多样，有的运动量大，有的运动量小，有的运动强度大，有的运动强度小。因此，在设计体育教学内容时，要考虑到运动量的问题，从而进行科学合理的搭配和必要的教材改造。教学过程是一个不断学习发展的过程，教材的各个阶段有着不同的任务和特点。因此，教师要根据教学过程不同阶段的特点合理地安排运动量。

3. 适量的身体运动负荷要符合学生的身体发展状况与发展需要

适量的身体运动负荷是要让学生科学地进行身体锻炼，既满足学生身体发展的需要，又体现对学生身体的无害性，而这些都决定了学生的身体发展情况。教师要想合理地安排学生身体运动负荷，就必须了解学生的身体发展各个阶段的特点，了解学生身体发展的科学原理，了解各项运动的特点。

4.要因人而异地安排适量的身体运动负荷

每个学生承受的能力不相同，同样的负荷可以产生不同的负荷效果，不同的负荷也可以产生相同的负荷效果，所以，教师应考虑学生的整体情况，掌握学生的体质状况，根据所了解的学生身体的强弱等具体情况，因材施教地安排适量的身体运动负荷。

(五)直观性原则

直观性原则是指在体育教学过程中，充分利用学生的多种感官和已有的经验，积极引导学生感知事物，使学生获得直接经验和感性认识。

1.用直观的语言启发学生的积极思维

在体育教学中，教师要用生动的语言进行讲解、描述，用语言帮助学生对知识进行重新组合，构成新的表象或想象，这就要求教师用生动、直观的语言进行讲解，用通俗易懂、丰富有趣、生动形象的比喻把学生的运动经验和生活经验结合起来，使学生明确动作要点，更好地掌握运动技术技能。

2.运用各种方式进行直观教学

在体育教学中，为使学生更形象、更生动地进行运动技术技能的学习，教师要充分利用各种方式进行直观教学。例如对摄影录像内容或图片进行动作分解，通过学生的感觉器官，使学生迅速建立起对动作的生动印象，了解动作技术细节，以及动作的时间、空间关系，从而提高学生运用各种感觉器官对运动进行综合分析的能力。

第三节　体育教学过程

一、体育教学过程的层次

体育教学过程大体上可以分为以下五个层次：

(一)超学段体育教学过程

超学段体育教学过程也可理解为总的体育教学过程，它是学生在国家规定下需要接受的，从小学阶段开始，直到大学毕业的体育教学过程。这一教育过程主要包含了九年义务教育、高中阶段教育、高等教育等三个教育阶段，所以，可以认定为体育课程教学的总过程。

（二）学段体育教学过程

如小学阶段（1～6 年级）的体育教学过程、中学阶段（7～9 年级）的体育教学过程。

（三）学年或学期体育教学过程

如小学五年级的体育教学过程、初一上半学期的体育教学过程。

（四）单元体育教学过程

如 8 学时的跨栏单元教学过程、30 学时的篮球单元教学过程。

（五）课堂体育教学过程

从上体育课开始到体育课结束的 40 或 90 分钟的体育教学过程。

二、体育教学过程的性质

（一）体育教学过程是学生对运动技能进行掌握的过程

从本质上来讲，体育课程的教学就是在身体练习不断反复开展的过程中，使学生能够对运动技能进行掌握，同时，在掌握运动技能的前提下接受其他方面的养成教育。因此，我们可以将体育教学过程理解为学生掌握运动技能掌握的过程。

（二）体育教学过程是使学生运动素养提高的过程

对运动技能进行掌握的前提就是使运动素质得到提高，同时，还要使大肌肉群的运动素质得到有效提高，运动技能与运动素质提升是互相促进的。所以，体育教学过程可以理解为使学生的运动素质得到不断提高，且能够使学生体能得到增强的一个过程。在体育教学活动开展的过程中，教师在重视学生掌握运动技能程度的同时，还应该对学生运动素质的提升给予一定关注，并且在对体育教学进行设计、对体育教学进度进行安排、对体育教学内容进行选编的过程中，要将运动技能与运动素质的提升紧密地联系在一起，保证二者的协调发展。

(三)体育教学过程是知识学习、运动认知的形成过程

体育学科作为一门综合性课程,包含了自然学科与人文学科。在体育教学活动开展的过程中,不仅强调学生对运动技能的掌握,还会组织、安排学生对其他知识进行学习,获得一定的运动认知。在某些时候,这也是运动技能掌握与运动素质提高的重要前提条件。所以,体育教学过程也是对体育知识与运动认知进行掌握的一个过程。

(四)体育教学过程是集体学习与集体思考的过程

体育教学的教学形式主要以“集体学习”和“小集体学习”为主,之所以这样,是因为绝大部分的体育运动项目的完成都是通过集体形式或者小集体形式,所以,也应该在集体学习与集体思考的过程中完成体育技能的学习。此外,现阶段的体育教学目标更加倾向学生的集体学习,旨在使集体教育的潜在作用能够得到充分的发挥。同时,在体育教学中,集体学习与集体思考能够使教师与学生之间、学生与学生之间的沟通和互动得到加强,还能够促进学生社会适应能力与社会交往能力的提高。所以,体育教学过程,也可以认定为开展学生集体学习与集体思考的一个过程。

三、体育教学过程的规律

体育教学过程的规律主要指在体育教学的过程中或者现象之间会存在本质的、必然的联系,而这种联系能够将体育教学发展的特点体现出来。

1. 动作技能形成的规律

体育教学的最终目的是使学生学习并掌握一定的运动技能。而事实上,掌握运动技能的过程并不是单纯的从不会到会、从不熟练到熟练的发展过程。动作技能的形成会经过三个阶段:对动作粗略掌握阶段、对动作改进与提高阶段、巩固与熟练运用动作阶段。

2. 动作技能迁移规律

从学习理论的角度来讲,迁移是指一种学习情境对另外一种学习情境产生的影响。而我们这里所说的动作技能的迁移,就是指已经形成的

动作技能对学习的新动作技能存在的影响。如果存在的影响是积极的，那么我们会把这种具有促进作用的迁移称作正迁移；如果存在的影响是消极的，那么我们就会把这种带有负能量的迁移称作负迁移。

在体育教学开展的过程中，迁移的现象是普遍存在的，同时，迁移规律对体育教学过程还存在一定的影响，尤其是对动作技能形成的影响更加明显。如果没有迁移，就不能够使已经形成的动作得到进一步的熟练、检验与充实。迁移的重要基础是已经拥有的知识技能，作为重要的环节，从掌握知识与技能向形成技能过渡。因此，"为迁移而教"的思想被人提出。

3.人体机能适应性规律

在体育教学开展的过程中，学生积极地参与身体活动与反复练习，长此以往，体能的消耗会导致身体疲劳及身体技能水平下降情况的出现。事实上，疲劳的过程也是使恢复得到刺激的过程，能够促进能量储备的加强，使超量恢复得以满足，使机体的适应能力得到提高。

因此，在体育教学开展的过程中，学生对于负荷的刺激要进行一定的承担，使新陈代谢与机体能力提高的过程得到促进。教师在开展体育教学的时候，为了能够使学生的机体能力得到提高，最应该做的就是对负荷和休息进行合理安排。由于运动负荷与人体新陈代谢能力不同，超量恢复也会出现一定的改变，在一定的范围中，如果肌肉存在较大的肌肉活动量，那么也就会存在较为激烈的消耗过程，进而就会出现更加明显的超量恢复，而一旦产生了机体适应性的变化，那么学生的体质也会有所改善。

(1)工作阶段

在这一阶段，学生对一定的运动负荷进行承担，即身体练习的强度，对机体的潜在能力进行动员，加强身体内部的异化作用，将会消耗掉能量储备。

(2)相对恢复阶段

在这一阶段，经过了休息与调整以后，身体的各项机能指标向工作之前的水平恢复。

(3)超量恢复阶段

在这一阶段，通过能量的补偿与合理的休息，物质储备与能量储备远远多于原本拥有的水平，进而使机体的工作能力得到提高。

(4)复原阶段

如果经历的间歇时间较长的话，那么超量恢复阶段的效果就会失去，导致机体的工作能力慢慢降低到原本水平。

四、体育教学过程存在的主要矛盾

在体育教学过程中，主要存在三种矛盾，分别是：①体育教师的教同学生的学之间的矛盾；②体育教师同教材之间的矛盾；③学生同教材之间的矛盾。在这三种矛盾中比较显著的就是体育教师的教同学生的学之间的矛盾。究其原因，主要是体育教学从本质上来讲，就是体育教师对学生学习进行指导的教学活动过程。在体育教学开展的过程中，教学内容或教材发挥着对体育教师的教与学生的学进行连接的媒介作用。

在体育教学过程中，体育教师与学生是两个重要的主体性因素，因而导致体育教师的教与学生的学之间双边互动的矛盾关系得到构成，并且在体育教学过程中，这一矛盾是始终存在的，同时，还能够对其他矛盾的存在与发展起到一定的支配作用，从而作为原动力，促进体育教学过程的发展。

五、体育教学过程的功能

体育教学过程从根上来讲，就是认识与实践之间统一、协调发展的一种活动过程，这一过程的最终目标在于使学生的全面发展得到促进。换句话来讲，体育教学过程的主要功能在于使学生身心诸方面的和谐发展得到促进。对体育教学过程的功能进行全面的认识与开发，能够使体育教学成为有效途径，以促进体育教学目标的更好实现。体育教学过程的功能主要体现在以下五个方面：

(一)体育教学过程的教育功能

体育教学不仅能够增长学生的知识，使其能力得到全面发展，还能够熏陶学生的思想情感、道德品质与精神面貌。在体育教学中，教师应该将教书与育人自觉地统一起来，充分发挥体育教学过程的教育功能，使学生思想品质与道德素养的发展得到促进。

(二)体育教学过程的知识传递功能

体育教师通过体育教学过程的开展,能够将科学文化知识与基本技能技巧系统地向学生传递。体育教学过程实际上就是体育教师有目的、有组织、有计划地培养学生的过程。因此,体育教学过程的知识传递功能能够高质量、高效率地发挥。

(三)体育教学过程的智能培养功能

在知识传授与技能形成的统一发展过程中,智能培养得以实现,知识、技能和智能三者之间的关系是非常紧密的,是互相促进、互相依存的统一体。首先,智力活动的主要内容就是知识;其次,对知识进行学习与应用的活动,本身就能够实现智力的锻炼与能力的培养;最后,形成技能可以使智力活动过程得到简化,使智力活动水平的提高更加迅速、经济、有效。

(四)体育教学过程的审美功能

作为教学艺术与教学手段,"美"的因素始终存在体育教学过程中,并且存在体育教学活动的各个方面。在"美"的多样形式下,学生顺利吸收"教"所要传递的各种各样的教育信息,同时,获得教学美的体验与享受,促进一定审美趣味、审美观念与审美能力的形成。

(五)体育教学过程的发展个性功能

发展个性的主要内容是对知识进行传授,对智能进行培养,促进技能的形成。在原有生理条件与经验背景的基础上,每一个学生都有可能形成独有的知识、智能结构与技能,同时能够对自己新的知识体系进行构建,从而为个性发展创造良好的条件。

需要注意的是,学生的个性发展还受到其他因素的影响,包括身体素质的健全,以及态度、情感、动机、意志、品德、思想、价值体系等。对于上述能够对学生个性发展起到决定性作用的因素,体育教学过程能够发挥积极的影响作用。

六、与体育教学过程有关的概念

(一)体育教学过程与体育教学模式

体育教学模式实际上就是单元和课时体育教学过程结构，是根据某种体育教学指导思想设计的教学过程类型，体育教学过程与体育教学模式是“抽象”和“具体”的关系。因此，可以说，那些具体的、有特色的、长短不一的体育教学过程设计及其中的方法体系就是体育教学模式。

(二)体育教学过程与体育教学设计

从本质上来讲，体育教学设计就是体育教师构想与安排体育教学过程，对体育教学的任何一个过程而言，都有某一种体育教学设计存在其中，而体育教学设计是包含在体育教学过程中的工作。

(三)体育教学过程与体育教学计划

体育教学计划主要是指体育教学过程的设计方案。对体育教学过程与体育教学计划而言，二者是一一对应的关系。例如如果有学期体育教学过程，那么就会存在学期体育教学计划；如果有单元体育教学过程，那么就会存在单元体育教学计划；如果存在学时体育教学过程，那么就会存在学时体育教学计划；等等。

(四)体育教学过程与体育课堂教学

体育课堂教学是教学的场景，通常指一个课时的体育教学，也是作为时间基本单位的体育教学过程。而体育课堂教学的各项因素同体育教学过程之间都存在十分紧密的联系，都是体育教学过程的主要构成因素，同时，也是对体育教学过程进行观察的最佳视角。

第四节　体育教学评价

所谓体育教学评价，主要是指在体育课程中一般性教学评价的具体应用，同时也是体育课程教学的重要环节。要卓有成效地开展体育课程教学工作，真正实现提高学生综合素质的目标，就必须在实际教学中贯彻新的教学理念，利用新的教学方式和丰富的、与实际社会生活相配套的体育课程内容来进行教学,而所有这些都需要有与之对应的教学评价。因此,只有对当代体育课程的教学评价有较深入的了解,树立全新的教学评价观,充分发挥其在体育课程教学中的导向作用,才能更好地促进新课程改革背景下体育课程的教学工作。

一、体育教学评价的内涵

(一)教育评价

评价是客体对主体需要被客体满足程度的一种判断,属于价值活动。通过评价,学生能够不断地学习、进步、成功,充分认识自我,使能力得到全面发展;根据反馈的信息,教师可以适当调整教学管理方式,并且使自身的教学能力得到提高。

教育评价涉及的范围很广泛,主要是指在教学目标和标准的基础上对学生和教师进行具体调查,评价优缺点,使其进行改进。我们可以粗略地将教育评价分为学生评价、教师评价、教学评价、课程评价、学校与教育机构评价、教育政策与教育项目评价等。

(二)体育教学评价的概念

体育教学评价主要是指从体育教学目标与体育教学的原则出发,判断、评估体育教学的过程及所取得的成果。从体育教学评价的概念中可以得知,它主要包含以下三个基本的含义:

1.体育教学评价的开展需要从体育教学目标与体育教学原则出发

体育教学目标作为一种评判依据,可以测试体育教学预先设定的成果是否已经实现,预期的任务是否已经完成;而体育教学的原则作为一种评判依据,可以测试体育教学开展的合理性及其是否能够满足体育教学的基本要求。需要注意的是,这两个评价依据,在具备一定规范性与客观性的同时,还具备教育评价的信度与效度。

2.体育“教”与“学”的过程和结果是体育教学评价的对象

体育教学评价主要将体育教学过程中的受教育者——学生作为重点

对象，主要包含了对学生学历水平与品德行为的评价。此外，体育教学评价也会评价教师的教学，主要包含对教师教学水平与师德行为的评价。

3. 价值判断与量评工作是体育教学的工作内容

价值判断属于质性的评价，一般是指对体育教学方向的正确性与体育教学方法是否得到贯彻进行评价；量评工作属于量性的评价，一般是指对可以量化的学习效果进行评价，如身体素质的增长、技能掌握的数量等。

二、体育教学评价的功能

（一）导向功能

由于不同的评价标准会得出不同的评价结果，因此，评价标准像一根“指挥棒”一样起着导向作用。评价之后的反馈指明了体育教学决策与改进的方向，如果做法获得肯定，那么在体育教学过程中将会对其进行强化；如果做法被否定，那么就需要对其进行纠正与改变。

（二）诊断功能

通过体育教学评价，体育教师对于体育教学的质量可以进行科学、客观的鉴定，了解体育教学的成效和问题。体育教学评价就像是体格检查，能够科学、严谨地诊断出体育教学的现状。全面性的体育教学评价能够对学生成绩、实现体育教学目标的程度进行评估，同时还能够帮助教师对学生学习困难的症结所在进行诊断，对学生学习进步的提高做出一定协助。

（三）调控功能

体育教学评价的最终结果是将反馈信息提供给体育教师与学生，使他们能够及时了解教与学的情况，为体育教学活动内容与形式的调整提供根据。根据体育教学评价的最终结构，教师可以对体育教学计划进行修订，对体育教学方法进行改进；而学生可以对学习策略进行调整，对体育教学方式进行改变。体育教学评价使体育教学过程向反馈与调节随时可以进行的可控系统的转变得到促进,使体育教学活动同预期目标越来越接近。

(四)激励功能

在整个体育教学的过程中,体育教学评价发挥着监督与控制的作用,是一种对体育教师与学生的强化与促进。通过体育教学评价,能够将体育教师的教学效果与学生的学习成绩反映出来,激发体育教师的工作热情与学生的学习积极性。如果体育教学评价是科学的、合理的,那么不但能够使体育教师与学生得到心理满足与精神鼓舞,而且能够使体育教师朝着更高目标努力的积极性得到激发。即便是较低的评价也能发人深思,使体育教师与学生的奋进情绪得到激发,使推动作用与促进作用得到发挥。因此,这种反馈激励对体育教师与学生的自我认识存在一定的帮助作用,进而使体育教学质量得到提高。对于体育教学评价的激励功能,应该有效利用,对学生尽可能地进行正面鼓励,避免学生积极性受到打击。因此,在日常评估时应尽量避免学生之间的比较,要帮助学生设定个人进步目标,使他们在每次参与体育活动时,都能充分感觉到自身的进步。

三、体育教学评价的种类

(一)体育教学评价的分类标准

按照不同的标准对体育教学评价进行分类,可以进行多种情况的划分。

(1)根据不同的评价基准对体育教学评价进行分类,可以将其分为自身评价、绝对评价与相对评价三类。

(2)根据不同的评价功能对体育教学评价进行分类,可以将其分为总结性评价、形成性评价与诊断性评价三类。

(3)根据不同的评价内容对体育教学评价进行分类,可以将其分为过程性评价与结果性评价两类。

(4)根据不同的评价表达对体育教学评价进行分类，可以将其分为定量评价与定性评价两类。

这四种评价方式都存在不同的功能，且每一种评价方式不仅存在自己的优势，还存在自己的不足。在评价体育教学设计方案的时候，应该按照体育教学实际的目标与需求对适当的评价类型进行选择。

(二)体育教学评价的类型

1.体育教学的绝对评价

体育教学的绝对评价主要是指按照体育教学的目标评价体育教学的设计方案、教与学的成果。此评价形式在被评价的集合与群体之外建立了体育教学评价的基准，针对某种指标对集合或者群体中的每一个成员同基准进行逐一对照，进而对其优劣进行判断。通常来讲，会将体育教学的课程标准、教学计划中的教学大纲、课程具体实施方案，以及对应的评判细则作为评价基准。

体育教学绝对评价的优势是存在比较客观的评价标准。因此，在体育教学的评价过程中，如果能够恰当地使用这种评价方式，那么就能够保证每一个被评价者都能够对自身同客观标准之间的差距有所了解，以便他们能够不断努力向标准靠拢。此外，通过体育教学的绝对评价，体育教学的管理部门不仅可以对体育教学各项目标的完成情况进行直接鉴别，还能够对即将要开展工作的重点进行明确。但是体育教学的绝对评价也是存在缺点的，即在对评价标准进行制定与掌握的时候，容易影响被评价者的原本经验与主观意愿。

2.体育教学的相对评价

体育教学的相对评价，就是指将基准建立在被评价对象的集合或者群体中，然后逐一地将各个对象同基准进行对比，以便对群体或者集合中每一个成员的相对优劣进行判断。体育教学相对评价的基准是群体的平均水平，根据在整个群体中被评价对象所处的位置进行判断。体育教学相对评价的优势是具有广泛的适用范围，且甄别性强。也就是说，无论群体的整体水平如何，都能够将优劣对比出来。体育教学相对评价具有一定的缺点。由于群体的不同，体育教学相对评价的基准也会产生相应的变化，所以，容易导致评价标准同体育教学目标相背离。

3. 体育教学的自身评价

体育教学的自身评价主要指被评价者从不同的侧面、过去与现在进行纵横比较，从而对自己各个方面的能力展开评价，对自身的进步情况进行确定。体育教学自身评价的优点在于能够对个性特点给予尊重，同时对个别差异给予重视。通过纵横比较被评价对象或者部分的各个方面或者各个阶段，对其现状与趋势进行判断。然而，由于具有相同条件的被评价对象没有与被评者进行比较，所以对其实际的水平与差异进行判断是很困难的。所以，在体育教学评价的实践活动中，选择评价形式的时候应该将相对评价与自身评价紧密地联系在一起。

4. 体育教学的诊断性评价

体育教学的诊断性评价也被称作前置评价。在开展体育教学的某项活动之前，如在前期分析体育教学设计的时候，应该针对学生的智力、态度、体能、知识与技能等方面的情况开展摸底测试，以便对学生的准确情况与实际水平进行了解，对其是否具备体育教学课程目标实现的必需条件进行判断，为体育教学决策提供一定的理论依据，保证体育教学活动同学生需要的协同发展。

此处的诊断是一个存在较大范围的概念，不仅能够对缺陷和问题进行验明，还能够识别各种各样的优点与特殊才能。因此，体育教学诊断性评价的最终目的是对体育教学方案进行设计，使起点水平与学习风格不同的学生的需要得到满足，同时，还要在体育教学程序中对学生进行最有益的安置。

5. 体育教学的形成性评价

在体育教学活动开展的过程中，形成性评价的不断进行是为了获得更好的效果。此种评价形式能够及时对阶段设计成果、阶段教学效果与学生的学习进展情况与存在的问题等进行了解，并及时做出反馈，从而对体育教学工作进行不断调整与改进。这种评价会频繁发生，如学习一个知识点之后的练习、提问，一个单元之后的技术评定，一节课以后的小测试。形成性评价是体育教学设计活动中的重要评价形式，一般应用在方案的试行过程中，主要的目的在于对该方案进行修改，对有利的证据进行收集。从体育教学质量提高的问题上来讲，须对形成性评价给予重视。

6. 体育教学的总结性评价

体育教学的总结性评价也被称作“后置评价”，通常是当体育教学活动结束一段时间以后，为了能够对体育教学活动的最终结果进行把握而开展的评价。例如在学年末或者学期末的时候，体育教师会组织考评、考核，主要目的是对学生的学习结果进行检验，检验其是否达到了体育教学目标的要求。在体育教学的总结性评价中对体育教学过程中“教”与“学”的结果进行了强调，以便全面地鉴定被评价者取得的重大成果，对等级进行区分，对体育教学整个方案的有效性做出价值判断。

7. 体育教学的过程评价

在体育教学开展的过程中，针对教学目标实现的手段与方案开展的评价叫作过程评价。过程评价的主要目的是对目标达成的手段与方法的使用情况进行检查。例如在完成某一个教学目标的过程中，游戏法与竞赛法哪一个效果更加明显；在某一个动作技能教学开展的过程中，究竟是完整法比较适合，还是使用分解法更好；对于某一种技能的学习，是由学生自己探索发现的，还是在同伴的谈论与协作下实现的。所以，过程评价的开展不是在体育教学过程中，就是体育教学设计的过程中。体育教学的过程评价不仅能够促使继续修改形成性评价，还能够促使完成体育教学过程中费用、时间与学生接受情况等方面的总结性评价。

8. 体育教学的结果评价

针对体育教学活动具体实施以后产生的效果进行的效果评价，就是结果评价。例如对于某一种体育教学方案的实施效果与某一种辅助性教学设施的使用价值所开展的评价即结果评价。体育教学的结果评价侧重总结性评价功能的发挥，同时将形成性评价的相关信息提取出来。

9.体育教学的定性评价

体育教学定性评价主要是指针对评价资料展开“质”的分析，是对综合与分析、分类与比较、演绎与归纳等逻辑分析方法进行应用，对所获得的资料与数据开展定性描述的评价。一般会有两种分析结果出现：其一，描述性材料，存在较低的数量化水平，更为严重的是根据不存在数量概念；其二，同定量分析相结合而产生的，即包含数量化但以描述性为主的材料。

10.体育教学的定量评价

体育教学定量评价主要是指针对评价资料开展“量”的分析，是对统计分析与多元分析等分析方法进行应用，对所获得的资料与数据做出定量结论的评价。鉴于体育教学中人的因素涉及范围比较广，因而使得各种变量及其互相作用具有复杂性特点。因此，为了能够将数据的规律性与特征揭示出来，应该由定性评价来规定定量评价的范围与方向。

四、体育教学评价的改革

体育教学评价的改革具有非常重要的意义，主要包含以下三个方面的内容：

（一）使评价学生应用单一锻炼标准的模式得到改变

绝大多数的体育教师可能都会遇到此种情况，即在体育教学课或者体育活动开展的过程中，一部分学生没有做出积极的表现。但是根据体育锻炼标准中的体育测试，凭借良好的先天身体素质就能够获得优异的体育成绩。这样即便不够努力也能够取得较好成绩的情况，对于那些身体素质先天较弱却一直积极参与的学生而言，是一个严重的打击。所以，改变评价学生应用单一锻炼标准的模式势在必行。

体育课的成绩不应该仅仅是一个方面的，如果评价的时候将锻炼标准作为唯一的评价方式是不够全面的。因此，按照体育课程评价改革的精神，对于新颁布的学生体质健康标准充分利用，不仅将其作为一种学生体质强弱测试的标准，还要将其作为一个学生进步程度的参考。例如在学生刚刚入学的时候组织学生进行体质方面的一次摸底测试，并且在学生的个人档案中将测试的结果记录下来，保证每一学年开展一次测试，同时比较测试的结果，使学生体质提高的情况得到反映，这也将作为学生进步程度的一个评价内容。

(二)改变以教师为唯一评价执行者的评价体制，对学生进行多方位的评价

在传统的体育教学过程中，教师主导了评价活动，导致学生的地位一直处于被动，甚至毫无存在感。作为体育教学活动的主导者，体育教师需要对学生的身体素质和运动能力状况进行了解，并按照学生的学习情况与锻炼表现开展多种针对性的评价活动，进而使学生的积极性得到充分调动，推动体育课目标的尽快实现。伴随“水平目标”的逐渐设立，体育教师的教学任务在每一个阶段都会发生改变，因此，也要保证体育教学方式和方法的应用、体育教学内容的选择得到多样化的发展。教师在对评价内容进行设计的时候，可以从运动技能、运动参与、身体健康、心理健康与社会适应五个方面进行考虑。

(三)过程评价与结果评价相结合，使学生学习积极性得到提高

传统的体育教学评价主要针对学生的学习结果进行评价，重视学生在各项运动中取得的最终成绩，而对于学生整个学习过程的评价则没有。这会导致评价的有效反馈功能逐渐丧失，在激励学生学习、提高体育教学水平和改进体育教学方式等方面并没有多大的作用。

过程性评价是指利用各种评价的工具与方法，对体育教学的各个方面进行经常性评价，同时还要及时地将结果反馈给学生，促使学生尽早发现问题。现阶段，教师不仅要调整体育教学评价的内容，还要在平时的评价中，对学生的练习过程直接进行评价。

此种评价方式的存在，不仅能够保证大多数学生认真、积极地对待整个体育学习过程，还能够有效防止一部分学生因先天身体素质条件良好而消极学习的情况。此外，还能够对那些先天身体素质差却很努力的学生进行有效鼓励。

第二章 高校体育教学基本概况

高校体育教学是学校体育的重要组成部分，是高校体育教育实施过程中的主要体现，目的在于培养具有健康体魄与创新精神的德智体全面发展的合格人才。加强高校体育教学的改革与研究，可提高体育教学质量，尽快实现体育教学目的。而了解高校体育教学的基本理论能够为改革工作的顺利开展打好基础，做好准备。本章主要从体育教学与高校体育教学，高校体育教学的特点、目标、功能等几个方面来阐释与分析高校体育教学的基本情况。

第一节 体育教学与高校体育教学

一、体育教学

(一)体育教学的相关概念

1. 体育教育

体育教育是指以身体活动为手段的教育，就是身体的教育。

2. 体育教学

学校体育目标的实现离不开体育教学这一基本组织形式，同时这也是学校体育的一个重要组成部分。体育教学具有目的性、计划性和组织性，将相关知识与技能传授给学生，发展学生的智力，培养学生的品德，促进学生良好个性的形成，这个教育过程与其他学科教学相似。但体育教学又有自身的独特性，学校体育目的的实现、体育任务的完成都要采取体育教学这一重要途径。体育教学的范围很广，不仅是指学校体育，还涉及竞技体育、社会体育等领域。

综上分析，我们可以将体育教学定义为：在学校教育中，学生在教师的指导下积极主动地学习和掌握体育基本知识、技能和方法，提高身心健康水平和身体活动能力，强化对自然环境和社会环境的适应能力，形成良好的思想品德和个性的过程。

(二)体育教学的基本介绍

随着全球化的不断推进，在衡量社会进步与国家发展方面，体育事业的发展水平已成为一个非常重要的指标，而且国家与地区之间的交流也离不开体育这一载体。体育有竞技体育、大众体育、学校体育等多种类型，包括体育教育、体育活动、体育文化、体育竞赛、体育经济等诸多要素。虽然很早以前就已经出现了体育教学，但体育教学真正迅猛发展始于现代社会。

20 世纪 60 年代以来，随着信息技术的快速发展，人类进入了信息社会，高技术、新技术、新材料、新能源及生物工程在社会各个领域都得到了广泛的运用，并推动了社会生产力的发展，使人们的生活节奏越来越快。这一方面给人们带来了便利，使人们的生活水平有了提高，生活条件有了改善，但同时随着电气化、自动化和智能化的不断发展，人们在十分紧张的环境中工作和生活，身心健康受到了威胁。

20 世纪 70 年代，联合国教科文组织对现代教育提出了人才培养要求，要求培养的人才必须能够适应社会的发展和需要，即培养具有“健全的体魄、高尚的道德情操、丰富的科学文化知识”的全面型人才，并指出应将体质作为人才评价标准之一，作为“三育”教育中的一个首要标准。由此使体育教学在教育系统中的地位和作用得到了很大的提升，同时也引起了人们的重视。此后，各国纷纷改革体育教学内容、教材和教法，并进行了深入的探索，如日本创造了“快乐体育”教学模式，深入研究了体育教材的结构和小集团教学法，而不是一味地研究运动素材。这一举措有利于发挥体育教学在培养学生人格、个性方面的功能，将体育教学提高到崭新的知识起点，促使体育教学为人的身心和谐与健全发展而服务。

(三)体育教学论

体育教学论是对体育教学现象和体育教学规律进行研究的科学，现代体育教学的各种现象及现象背后隐藏的规律是现代体育教学论的主要研究内容。

体育教学论是理论与实践并存的科学，因此，可以将其划分为两个部分，即体育理论教学论和体育应用教学论，其中体育理论教学论又有自己的分类。

图 2—1 直观地反映了现代体育教学论的结构体系。

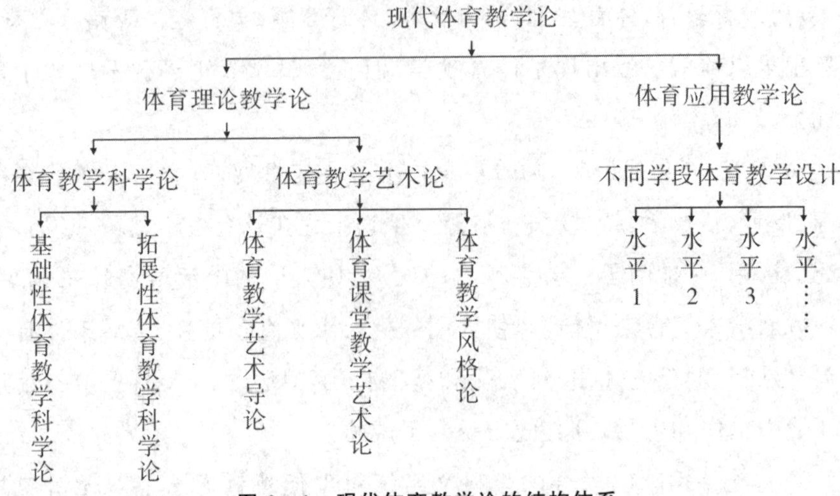

图 2—1　现代体育教学论的结构体系

二、高校体育教学

(一)高校体育教学的构成要素

高校体育教学的构成要素是指体育教学的结构要素与过程要素，具体分析如下：

1. 高校体育教学的结构要素

对体育教学具有影响的各种要素及各要素的相互关系就是体育教学的结构。体育教材、体育教法、体育教师、学生等都是体育教学的基本结构要素。

概括而言，体育教学包括以下三个方面的结构要素：

(1)参与者

参与者是体育教学的重要因素之一，主要指体育教师和体育教学中的学生。

在体育教学的参与者要素中，体育教师是外部主导，主要职能体现为对体育教学进行计划、组织、管理、监控等。体育教师的专业素质直接影响其职能的发挥和体育教学效果，因此，要求体育教师有良好的敬业精神、业务能力等。

在体育教学中，体育教师的主要施教对象是学生，学生体育教学的另一个重要主体。体育教师向学生传授体育知识与技能，但学生不能只是简单、被动地接受，必须在教师的指导下积极主动地参与学习，发挥自己的聪明才智，从而取得良好的学习效果。因此，从广义上而言，在体育教学中，学生是一个主要制约因素和重要调控因素。在教学过程中，学生作为受教育者和施教对象，是一个群体，很多方面存在共性，但因为各方面因素的影响，学生之间的个体差异也很明显。学生能否主动地参与体育学习，对教学质量好坏有决定性影响。而针对学生的特点和差异，因材施教，调动学生的学习兴趣与热情又是体育教师的一个主要职责。

(2)施加因素

体育教学要满足社会对学生的要求，这主要体现在体育教学任务、教学内容、教学大纲与教学计划等要素中，这些要素在体育教学的结构因素中，属于外部施加因素。连接体育的教与学是这类要素的主要作用。

体育教学过程是由体育教学任务、内容和计划等要素规定的，并以这些要素为依据组织与实施教学。体育教学任务和体育教学内容的价值均体现在两个方面，即显性和隐性，将这两类价值的关系处理好，可促进学生健康和谐发展。

(3)媒介因素

体育教学是在一定时空条件下对相关信息有序进行传递的过程。媒介是传递信息的必备条件，具有针对性、可控性、安全性、抗干扰性及实用性等特征。在体育教学中，要想顺利传递信息，必须具备场地器材、环境设备、组织教法等重要媒介。在这些媒介中，场地器材和环境设备是体育教学的基本物质条件，组织教法的作用主要体现在将学生、教材和物质媒介串联起来，对教学过程进行调控。体育教学质量能否得到保证，一定程度上要看是否具备高质量、现代化的媒介条件。

在高校体育教学过程中，这三大要素是动态结合、不断变化的，其中最为重要的是教师的主导作用。体育教师应掌握并熟练运用各种教学艺术，将学生的学习积极性充分调动起来，将各种要素调控好，从而提高教学质量，顺利完成教学任务。

高校体育教学的结构要素见表2－1。

表2－1　高校体育教学的结构要素

结构要素	具体要素
参与者	体育教师
	学生
施加因素	教学任务
	教学内容
	教学大纲
	教学计划
媒介因素	场地器材
	环境设备
	组织教法

2. 高校体育教学的过程要素

高校体育教学的过程要素具体包括以下四个方向：

(1)体育教学目标

通过体育教学要达到的结果就是体育教学目标。体育教学的价值取向主要体现在体育教学目标中，只有确定了体育教学目标，体育教学才会有明确的方向，体育教学的出发点和最终归宿也才能确定下来。

在体育教学评价中，体育教学目标是一个非常重要的参考因素，如果没有确定教学目标，体育教学就会漫无目的、盲目开展，体育教师也无法掌控教学过程。

(2)体育教学内容

在体育教学中,体育教师给学生传授的体育与健康知识、技能和方法等都是体育教学内容。体育教学目标能否达成,体育教学质量能否提高,直接受体育教学内容的影响。只有科学选择体育教学内容并有效实施,才能使体育教学过程更加顺利并有可能完成体育教学目标,从而使体育教学质量得到提高。

体育教学如果没有教学内容,就不能称为体育教学,而是体育锻炼,这时体育就不是一个学科了,而是一项活动,并且比较空洞。因此,选编和运用体育教学内容非常重要,在开展这一项工作时,要对学生的需要、社会的要求、学科体系进行充分考虑。

(3)体育教学策略

体育教师以体育教学目标和学生的具体情况为依据而选择的有效教学技术和手段就是所谓的体育教学策略。此外,有助于学生理解教学内容的各种信息及信息的传递方式也属于教学策略的范畴。

体育教学策略与体育教学目标、体育教师、学生等因素密切相关,这一要素对体育教学工作的成败和效率的高低有直接的影响,所以为更好地开展体育教学,完成教学任务,需要对体育教学方法、组织形式和手段进行科学选用。

(4)体育教学评价

依据体育教学目标制定标准,运用有效评价技术手段测定与衡量、分析与比较体育教学活动过程及其结果,并进行价值判断的过程就是体育教学评价。促进体育教学质量的提高及学生的全面发展是体育教学评价的主要目的。

作为体育教学的一个重要因素,体育教学评价与教学目标、教师等因素的关系非常密切,一般体育教学评价指标由教师根据教学目标制定。

(二)高校体育教学的原理

高校体育教学的主体内容是体育运动项目,因此,在高校体育教学内容设计中，必须重视不同项目的教学，并在具体项目教学原理中融入运动兴趣与情感体验，从而通过科学的教学原理更好地解释学生在运动技能形成与发展过程中的不懈追求和个体本能生物价值观与社会文化价值观的融合。

高校体育教学原理既有理论层面的原理，又有实践操作层面的原理，具体见表 2－2。

表 2－2　高校体育教学原理

体育教学原理	原理内容
理论层面	兴趣、情感、习惯、观念链式循环原理
	自在趣味性强化原理
	非自在动作规范强化原理
实践操作层面	自然追求与技术理性相结合原理
	练习与强化相依关系原理
	练习的适宜难度负荷原理

表 2－2 中，实践操作层面的练习与强化相依关系原理的机制与作用如图 2－2 所示。依据这一原理设计运动技术的练习，可促进体育教学与训练效益的提高。

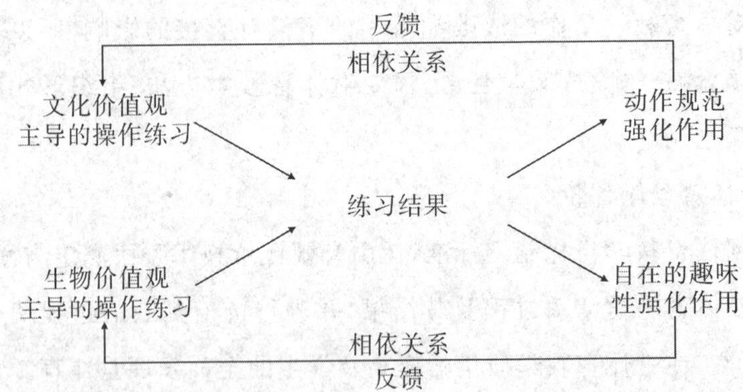

图 2－2　实践操作层面的练习与强化相依关系原理的机制与作用

不管是理论层面的教学原理，还是实践操作层面的教学原理，它们都是在运动项目进化的价值观及科学与和谐法则的基础上发挥作用的，如图 2－3 所示。

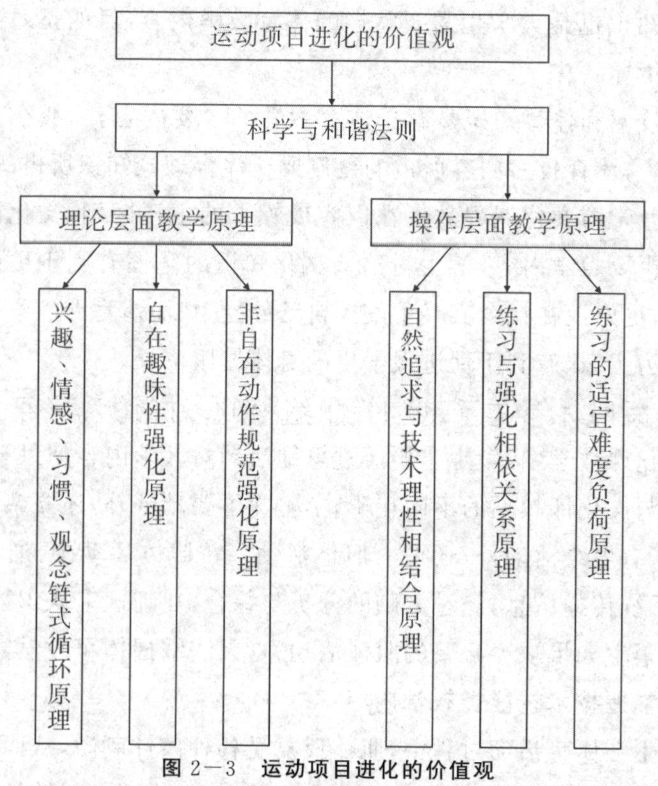

图 2—3 运动项目进化的价值观

第二节 高校体育教学的特点与目标

一、高校体育教学的特点

(一)以传授体育技术、技能为主要内容,根本目的在于增强学生体质

大学生进行体育学习,主要是为了锻炼身体、增强体质,从而为更好地为建设祖国贡献自己的力量。在体育教学内容中,丰富多样的运动项目是大学生锻炼身体的主要手段。可见,体育技术是大学生的主要学习内容,也是体育教师的主要教学内容。大学生在反复的学习与练习中,将所学技术转化为技能,从而能够通过合理有效的方法来锻炼身体。此外,

体育科学知识也是大学生需要掌握的体育教学内容，目的是对身体锻炼提供科学指导。

体育技术和体育知识是高校体育教学的主要内容，一般在高校体育课程设置中，体育技术内容所占的比例要比体育理论知识所占的比例大。这是体育教学与文化课程教学在内容设置上的主要区别，文化课程以文化知识为主要教学内容，学生对这些文化知识的掌握有利于更好地从事生产实践，更好地在社会实践中发挥自己的能力；而体育课教学以技术和技能内容为主，这有利于促进大学生的身体健康成长。

（二）以肌体参与活动和教学组织的多样化为特征

在文化课教学中，学生主要通过思维活动对教学内容加以掌握，而体育课教学与文化课教学的不同在于，学生除了要动脑外，还要亲自参与活动，即除了有思维活动外，还要有肌体活动。在肌体活动中，通过肌肉感觉，中枢系统传递信息，经过大脑的分析与综合，在理性上认识体育技术、技能。大学生如果缺少必要的肌体活动，是无法掌握体育教学内容的，尤其不可能掌握技术技能类教学内容。

大学生在体育活动过程中，肌体反复受各种条件刺激，从而建立起条件反射，对体育技术加以掌握。在这个过程中，学生不但能够学习体育技术，而且能够锻炼身体、增强体质、提高健康水平。在高校体育教学中，大学生不可避免地要做一些身体活动，这有利于其身体、心理的发育和成长，有利于其保持充沛的活力。

体育教学以集体教学为主，但因为学生性别、性格、身体素质、活动能力等方面的差异，加上体育教学容易受客观环境的影响，所以组织形式必须多样，满足不同学生的需求，适应不同学生的特点，从而提高教学效果。

在高校体育教学中，体育教师要善于运用社会学、教育学、生理学、心理学等多学科知识来对体育课进行精心的组织，从而使体育教学过程与教学规律的要求相符。

（三）以对学生品德、心理品质培养的特殊作用显示其教育功能

体育运动有自己独有的特征，体育教学就是通过这些独特性对学生产生积极作用的，具体分析如下：

第一，竞赛性是体育运动的一个特点，正因为这个特点，体育教学才能够对大学生的竞争意识与竞争精神进行培养。

第二，体育具有规则性，能够培养大学生诚实守纪的品质。

第三，体育运动要求参与者必须克服自身生理负荷，勇敢面对客观条件的阻力，有助于培养大学生勇于拼搏的意志品质与吃苦耐劳的精神。

第四，体育活动具有群体性，能够对大学生的交际能力与协作能力进行培养，同时能够引导大学生树立良好的集体主义精神与爱国主义精神。

总之，当代社会的发展要求大学生具备良好的意志品质和思想品德，体育教学在这方面的作用是举足轻重的。

在新时代，体育教学的教育功能越发鲜明和突出。当今世界正在进行新一轮技术革命，这一方面给世界各国带来了良好的发展机会；另一方面也给各国带来了巨大的挑战。在某种意义上，发达国家和发展中国家共处在同一起跑线上，技术革命对我国而言，是接近发达国家发展水平的极好机会。人才的发展可以推动科技的进步，教育是培养人才的主要途径。只有促进中华民族整体素质的提升，我国才能在新技术革命中受益。

提高人口素质，体育是关键。体育不但能够增强人民体质，还能够提高人的思想素质。因此，在高校体育教学中，体育教师应确保体育教学的方向是正确的，从而通过体育教学更好地为实现社会主义现代化服务。体育教师只有深刻认识体育教学的特点，才能更好地组织体育教学，促进体育教学在现代化人才培养中特殊功效的充分发挥，促进体育教学质量的提高，为中华民族整体素质的提升、为培养社会主义现代化人才做出贡献。

二、高校体育教学的目标

（一）体育教学目标的概念

体育教学目标是指体育教学中师生预期达到的学习结果和标准。

（二）体育教学目标的分类

体育教学目标包括认知领域、情感领域及动作技能领域的教学目标，具体分析如下：

1.认知领域的教学目标

认知领域的教学目标有不同的级别，如图 2—4 所示，这是由布卢姆等人提出来的。

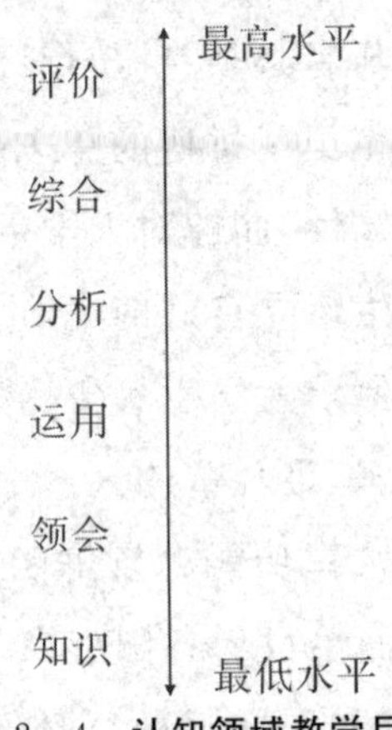

图 2—4　认知领域教学目标

布卢姆等人提出的认知领域教学目标的分类体系后来被安德森等人进行了改革，重新修订后的认知领域教学目标分类体系包括知识和认知过程两个不同的维度，它们各自有目标（表 2—3）。

表 2—3　认知领域教学目标的分类体系

二维分类	具体目标
知识维度	事实性知识
	概念性知识
	程序性知识
	元认知知识
认知过程维度	记忆
	理解
	运用
	分析
	评价
	创造

2.情感领域的教学目标

情感领域的教学目标有五个级别，如图 2—5 所示，这是有关学者依据价值内化的程度划分的结果。

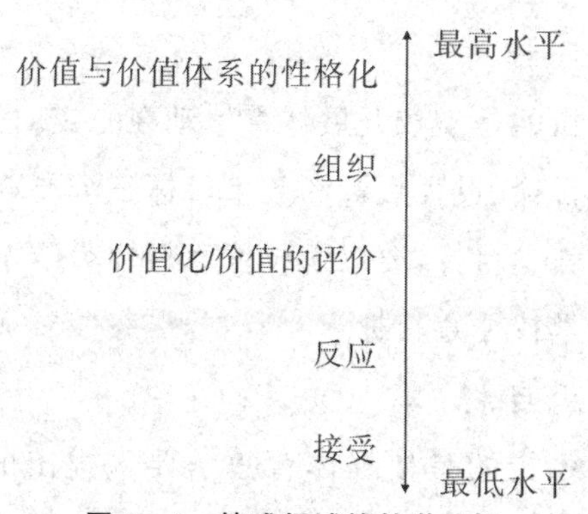

图 2—5 情感领域的教学目标

3. 动作技能领域的教学目标

动作技能领域的教学目标包括六个级别，按照从简单到复杂的排序如图 2—6 所示，这是由哈罗等人提出的观点。

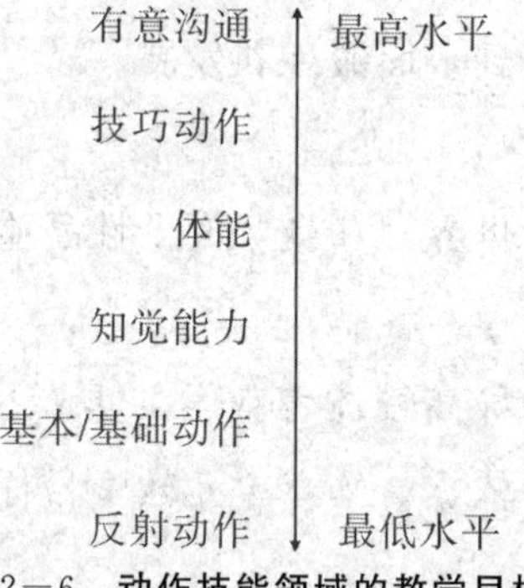

图 2—6 动作技能领域的教学目标

(三)体育教学目标的结构

体育教学目标结构如图 2—7 所示，这些结构要素是分层的，是层层递进的。

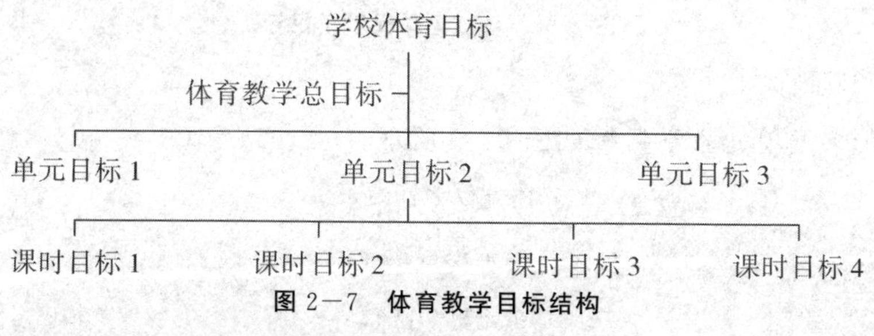

图 2—7 体育教学目标结构

下面对图 2—7 中的结构要素进行简要分析。

1. 学校体育目标

学校体育目标指的是学校开展体育活动在一定时期内预期达到的结果。它主要由条件目标、过程目标和效果目标三个要素组成。

制定高校体育教学目标，要以学校体育目标为依据，这样有助于通过体育教学目标实现学校体育目标。

2. 体育教学总目标

体育教学总目标指的是依据体育教学要求提出的体育教学预期成果，它包含以下三个方面的目标：

(1)实质性目标

使学生对体育知识和技能加以掌握。

(2)发展性目标

使学生身心素质得到全面锻炼和发展。

(3)教育性目标

使学生形成正确的世界观和良好的个性品质。

3. 单元目标

单元目标指的是指导高校体育教学的重要目标，其为体育教师设计体育单元教学提供主要依据。体育单元教学目标有以下三种类型：

(1)独立型

独立型单元教学目标如图 2—8 所示。

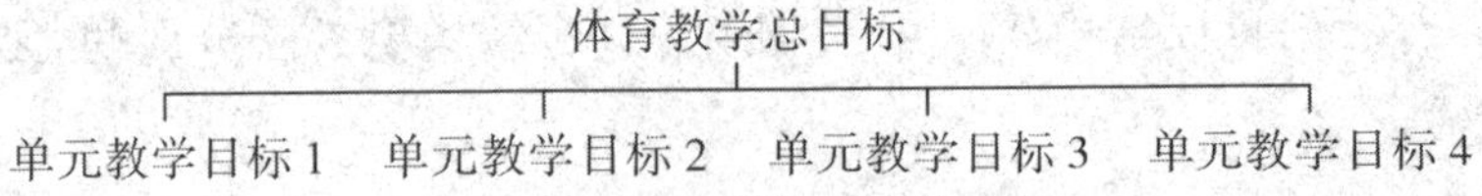

体育教学总目标

单元教学目标 1　单元教学目标 2　单元教学目标 3　单元教学目标 4

图 2—8　独立型单元教学目标

(2)阶梯型

阶梯型单元教学目标如图 2—9 所示。

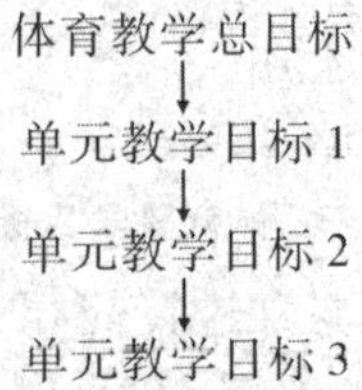

体育教学总目标
↓
单元教学目标 1
↓
单元教学目标 2
↓
单元教学目标 3

图 2—9　阶梯型单元教学目标

(3)混合型

混合型单元教学目标如图 2—10 所示。

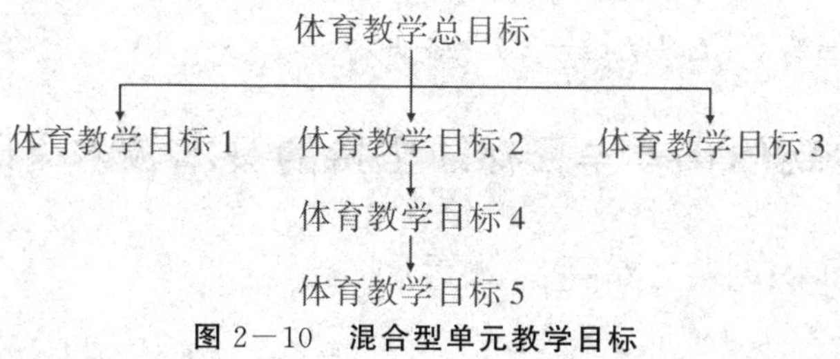

图 2—10　混合型单元教学目标

4. 课时目标

体育课时目标指的是体育课堂教学目标，就是每节体育课的教学目标，是具体的目标。

(四)体育教学目标的制定

制定体育教学目标，需要参考一定的因素，遵循相关的要求，从而确保体育教学目标的有效性，充分发挥体育教学目标的引导作用，具体见表 2—4。

表 2—4　体育教学目标的制定依据与要求

体育教学目标的制定依据	体育教学目标的制定要求
体育教学目标的特点因素	分析学生的需要(学习成绩、学习能力、学习条件)
教育要求因素	分析体育教学内容
体育功能因素	注意目标间的连续性
学生需求因素	注意目标间的层次性
教学条件因素	注意要体现学生的身心健康发展的需要

(五)体育教学的效果目标

我国高校体育教学的目标是增强学生体质，提高学生身心健康水平，对学生的体育运动能力和思想品质进行培养，促进学生全面发展，成为合格的社会主义建设者。

现阶段我国高校体育教学的效果目标具体表现在以下四个方面：

①使学生身体得到全面锻炼，增强体质。

②使学生对体育教学的基本知识、应用技能等内容加以了解与掌握。

③使学生养成良好的思想品德，促进学生个性发展。

④提高学生的运动能力，为国家队培养并输送优秀的后备人才。

上述效果目标之间相互联系、相互促进，它们作为一个统一的整体不可分割，须采取有效的途径一步步落实。

三、实现体育教学目标须坚持的基本教学原则

（一）日积月累，提高身体素质

1. 含义

“日积月累，提高身体素质”原则是指在体育教学中，经常性地通过适量的技能练习、各种游戏、比赛及“课课练”，使学生的各项身体素质得到全面发展和不断提高。

2. 贯彻该原则的要求

①服从学生的身体发展状况来安排身体活动量。

②服从体育教学目标来安排身体活动量。

（二）因材施教，体验运动乐趣

1. 含义

在体育教学中，根据学生个性的不同、身体素质的差异，对体育课认知水平的不同，让他们在掌握运动技能和进行身体锻炼的同时，体验运动的乐趣，促使学生喜爱运动并养成参加运动的习惯，这就是“因材施教，体验运动乐趣”原则。

这一原则是依据游戏的特性和体育教学中运动情感变化的规律提出的。体育运动充满了乐趣，乐趣是体育的特质。一个运动项目从不会到熟练掌握，人们会有成功和乐趣感。有的项目本身就妙趣横生、充满变数，使人乐此不疲。运动中同伴之间的巧妙配合也能产生许多意想不到的乐趣。有的项目锻炼过程虽然充满了劳累、痛苦，但锻炼结束后，会让人感到一种舒畅的满足感，这是体育运动充满乐趣的表现。体育运动乐趣是人们从事以体育运动和体育比赛的重要目的，让学生体验运动乐趣是体育教学的目的之一，因此，体育教学要想方设法满足学生对运动乐趣

的追求。

2.贯彻该原则的要求

①对运动乐趣问题要正确理解和对待。

②善于从“学习策略”的角度对运动乐趣加以理解。

③将掌握运动技能与体验运动乐趣的关系处理好。

④对有利于学生体验运动乐趣的教学方法进行开发与运用。

⑤为学生获得成功的运动体验创造条件。

(三)言行规范,提高集体意识

1.含义

“言行规范,提高集体意识”原则是指在体育教学中,发挥运动集体的作用,将自己融入集体中,规范自己的言行、找准自己的位置,既要做好自己的工作,又要互相协助,为了集体的目标而共同努力,不断增强自己的集体意识。

体育教学主要在室外进行,受场地器材和活动范围的影响,体育的学习形式也经常以小组的形式来组织,这使得体育学习方式与集体形成存在内在的关联。因此,体育教师应在教学中注重培养学生正确的集体意识和良好的集体行为,使学生学会帮助他人、关心他人,学会参与集体活动,为学生未来走向社会打下良好基础。

2.贯彻该原则的要求

①对体育教学活动中的集体要素进行充分挖掘。

②采用教学分组的教学组织形式。

③向学生提出共同的学习任务,使其相互帮助、相互合作。

④将“集体意识”和“发挥个性”之间的关系处理好。

(四)潜移默化,积淀运动文化

1.含义

运动文化包含体育知识、各种运动技能、体育运动相关媒介等各种形式、各种物化状态。运动文化是构成体育课程内容的主要部分。“潜移默化，积淀运动文化”原则是指在体育教学中，通过多种方法、手段，提高学生对古今中外优秀的运动文化的认知和理解；通过对体育知识的学习和掌握及自身的运动实践，积淀和提高学生自身运动文化的素养和水平，传承运动文化。

2. 贯彻该原则的要求

①将体育教学中的认知因素重视起来，使学生能够“学懂”。

②对有利于学生运动认知的教学方法进行开发与运用。

③对“发现式学习”和“问题解决式教学法”进行科学合理的运用。

④运用现代化工具对学生学习的积极性进行培养。

⑤创造良好的运动文化环境。

(五)防微杜渐，保证安全环境

1. 含义

“防微杜渐，保证安全环境”原则是指在体育教学中，创造和提供使学生安全地从事体育运动的环境，同时要对学生进行安全运动的教育，不断提高学生体育锻炼的安全意识和确保运动安全的能力。

体育技能教学是以角力活动、非正常体位活动、剧烈身体活动、器械上身体活动、持器械身体活动等构成的教学过程，危险因素时时存在。这就要求我们在体育课堂教学全过程中，对可预知的危险做到提前防范，对不可预知的危险做到有应对预案，为体育教学提供安全的软硬件环境，对学生进行安全运动的知识教育，把危险因素消灭在萌芽状态。

2. 贯彻该原则的要求

①在体育教学中建立安全运动的规章制度。

②防微杜渐，对所有危险因素(表 2－5 和表 2－6)进行详细的考虑。

③制订防止伤害事故的预案。

④时刻进行安全警示。

⑤对练习内容难度进行控制，使其在学生能力范围内。

⑥学生安全员充分发挥自己的积极性。

表 2－5　体育教学中可预测的危险因素

可预测的危险因素	举例
因学生身体素质差和活动内容差异导致的危险因素	(1)不熟悉运动 (2)力量不够 (3)动作难度大 (4)缺乏保护与帮助
因学生思想态度导致的危险因素	(1)鲁莽 (2)不听教师的建议 (3)没有做好准备活动 (4)着装不规范等
运动场地条件变化导致的危险因素	(1)在破损的塑胶地绊倒 (2)在雨雪地滑倒
因器械损坏导致的危险因素	(1)羽毛球拍头脱落飞出 (2)双杠折断 (3)绳索折断等
因特殊天气导致的危险因素	(1)酷暑天运动 (2)严寒天运动 (3)暴雨天运动 (4)狂风天运动
因学生身体状况变化导致的危险因素	(1)伤病期间勉强参加运动 (2)女生在生理期运动

体育教学中还有一些不可预测的危险因素，也要特别注意，见表 2－6。

表 2－6　体育教学中不可预测的危险因素

不可预测的危险因素	举例
情况多变导致的危险因素	(1)球类运动的碰撞 (2)球类运动的摔伤
无法保护、帮助导致的危险因素	(1)跨栏跑 (2)球类比赛 (3)健美操比赛
各种意外导致的危险因素	(1)随机性摔伤 (2)不常见的伤害

在高校体育教学中，只有严格贯彻上述原则，才能顺利实现体育教学目标。贯彻上述教学原则，要能够以体育教学规律和体育教学的特点为依据，对体育教学进行科学设计，对体育教学的条件进行有效整合，提高体育教学效果；要在教学中将体育教学的特点体现出来，实现体育教学的功能。

第三节　高校体育教学的功能

高校体育教学功能指的是高校体育以其自身的特点对学生和社会施加作用后，产生的良好影响和作用。高校体育教学如果没有自身固有且独特的特点，是不会对学生和社会产生良好效应和积极影响的。然而，如果学生和社会无法接受和利用高校体育教学的功能，那么高校体育教学也就无法顺利发挥自身的功能，因而也无法产生预期的效果。体育教学之所以能够在漫长的历史上不断得到发展，并且发展成果越来越多，越来越受重视，是因为人们认可并充分利用了学校体育的功能。

随着社会的进步和体育教学地位的不断提升，人们对体育教学功能的认识也越来越全面、越来越深入，这有利于体育教学功能在高校的进一步发挥，从而促进大学生的全面发展和社会主义物质文明和精神文明建设。

具体来说，高校体育教学的主要功能表现如下：

一、健身娱乐功能

高校体育教学的一个重要目标是教会学生合理、有效地利用身体、保护身体，从而提高身体健康水平，可以说学生的体育学习是一种利用身体同时完善身体的过程。“用进废退”的生物学规律在人体的发展中体现得非常明显，大学生只有科学合理地参加体育锻炼，才能使身体的极限效能得到充分发挥。在锻炼过程中，神经、肌肉会保持活动状态，这能够使人体运动系统和其他生理系统的功能得到有效的保障，并产生许多良好的反应。在体育教学中，学生是否可以快乐地参与其中，获得健康的身心，要看学生是否从内心深处喜欢运动，是否对运动感兴趣。

随着社会的进步和生活条件的改善，大学生的营养补充越来越全面，生活条件也得到了很好的改善，这就为其身体娱乐活动提供了良好的条件。运动与娱乐对于大学生来说不可缺少，就像水和食物对于原始人类来说必不可少一样。在体育教学中,学生的身体娱乐以身体活动为主要媒介,与其他娱乐方式相比,这种娱乐方式的功效更多,大学生在体育学习中进行适度的身体娱乐活动,能够达到健身与悦心的效果,从而提高身心健康水平。

二、培养竞争意识

人类生活与竞技比赛有高度的相似性,因为人类与自然、社会、对手等相关对象之间存在竞争关系,只有在不断的竞争中,人类才能更好地超越自己、完善自我,过上理想的生活。创造有利的条件不断充实自我是竞争参与者必须重视的问题。这里的条件指的是竞争者受自己意识支配的合理竞争行为。不管是参加比赛,还是观看比赛,对于人们来说都是生活中非常重要的竞争预演。我们可以客观地将运动场看作一个浓缩的现实社会,这个小社会比较特殊,但可以反映大社会的方方面面。

在运动场上,参与者可以养成良好的品质和行为习惯。依据迁移原则,这些积极的变化会有效地作用于参与者的日常行为,并产生被社会高度认可与接受的因素。运动场上有输有赢,社会生活的其他方面同样如此,只不过其他方面的输赢更多地体现在得意与失意上。胜者当然光荣,受人拥戴,但输家也不可耻,也需要人的认可与尊重。不仅是运动员,包括大学生在内的所有群体都应该养成胜不骄、败不馁,顽强拼搏、勇于进取的良好品质。

体育运动讲究公平竞争,从这一点来看,体育教学有助于培养大学生良好的竞争意识。顾拜旦是现代奥林匹克运动的创始人和奠基人,他并不是竞技家,而是一位伟大的教育家,他曾积极地将英国的竞技体育制度宣传给法国人民。通过奥林匹克运动,他有机地融合了体育与文化教育。在《奥林匹克宪章》中有这样一段话:“奥林匹克主义是将身、心和精神方面的各种品质均衡地结合起来,并使之提高的一种人生哲学。奥林匹克主义所要开创的人生道路是以奋斗中所体验到的乐趣、优秀榜样的教育作用和对一般伦理基本原则的尊重为基础的。”[1]可见，奥林匹克运动的重要教育价值是其发展到今天并产生深远影响的关键。

竞技运动是高校体育教学的重要内容，通过相关内容的传授，可以教育大学生不断超越自我、不断完善自我，树立良好的竞争意识，这方面的教育意义远比让大学生在竞技比赛中夺冠重要。

三、发展适应能力

现代社会中，竞争越来越激烈，人们的生活压力越来越大，适者生存的观念已经深入人心，因此，大学生必须具备良好的社会适应能力，从而更好地立足社会。体育教学在对培养个体适应能力方面具有重要的作用。社会适应能力是个广泛的概念，对不同的人有不同的侧重，但大学生只有具备全面的个人适应能力，才能保证自己更好地适应社会环境的变化。这里的全面具体指身体、心理、情感、道德等方面，缺一不可。

体育教学贯彻“以人为本”的理念，对学生的兴趣爱好充分予以尊重，这样的教育活动有利于培养与提高大学生的适应能力。

四、改变行为

体育教学可以提高大学生的适应能力，对大学生的行为产生积极的影响，使其行为产生有益的变化。体育教学中很多活动与行为都合乎社会要求，所以很容易被社会认可和接受；相反，那些与社会要求不符的行为就得不到社会的接受，甚至会遭到阻止。合乎社会要求的体育活动对于大学生来说非常有价值，能够使大学生不断调整自己的行为，不断向社会道德准则和行为规范靠近。

体育教学还有利于培养大学生的智力，发挥大学生的聪明才智，使大学生有想法、有干劲、有创新，并使大学生的行为更加机智、勇猛。

---

[1] 国际奥林匹克委员会.奥林匹克宪章[M].北京:奥林匹克出版社,2019.

五、改造经验

经验对于每个人来说都非常重要，生活中处处可以积累经验，而且处处离不开经验，随着经验的积累，人们会获得更好的生活能力。人的经验是丰富多样的，对于参与体育学习的大学生来说，除了读、写、说、算方面的经验，还需要具备多方面的专门经验，具体表现在以下三个方面：

（一）动作经验

坐、立、行、举手投足等都是最简单的动作经验，判断距离、判断速度、判断时间等是比较复杂的动作经验，这些都是大学生在体育教学中需要具备的经验。除此之外，大学生还需要具备应付突发事件的能力，而这些经验与能力可以在体育教学中获得。也就是说，体育教学活动可以培养大学生这些方面的能力，使大学生获得相关的动作经验，从而更好地参与体育锻炼。

（二）品格经验

品格经验在体育运动中至关重要，参与者只有公平竞争、信守诺言、服从法规制度、协调合作，才会受到社会群体的认可，如果不具备这些社会品质，常常会遭到排斥。

（三）情绪经验

现代社会是文明社会，社会个体不能用野蛮方式来发泄自己的不良情绪，否则会对社会的秩序与和谐造成影响。而体育教学有助于让大学生学会调节自己的情绪，保持良好的心理状态。

任何学生都必须具备上述品性和经验，这是必备素质。体育教学属于综合性教育，同时也是非常重要的生活教育手段，能够积极影响与改变大学生的情绪、心智、行为、品性等，使大学生获得更加全面的发展。

第三章　高校体育教学的组织与管理

良好的体育教学工作的组织与管理是体育教学质量的重要保证，也是对体育教师的能力要求。体育教学工作的组织与管理涉及多方面内容，各方面都应得到妥善的处理。

第一节　高校体育教学组织与管理概述

一、学校体育组织与管理的基本原理

学校体育组织与管理的基本原理有多种，如人本原理、系统原理、责任原理、动态原理等。充分认识这些原理对体育教学组织与管理具有重要的促进作用。

（一）人本原理

1. 人本原理概述

人本原理注重人积极性的调动，在体育教学组织与管理中，应注重以人为本。它要求在管理过程中，注重人的各方面需要的满足，促进人的全面发展。

高校体育教学改革要充分体现人本主义观念，即以人为本，要对每一个学生的需求都表示足够的尊重，要对学生的兴趣和动机选择给予充分满足，并实施分层教学，具体要以学生运动技术能力的个体差异为依据进行。鼓励学生坚持学习自己感兴趣的体育课程，对学生的体育潜能不断挖掘，从而不断实现更高的体育教学目标。

在管理系统中，人是管理活动的核心，各种管理手段的运用最终会作用于人，通过人来发挥其相应的作用。因此，在体育教学中，应注重人的

能动性的发挥。

2. 人本原理在学校体育教学组织与管理中的应用

在学校体育教学组织与管理系统中,人本管理原理的应用就是研究和解决如何体现以人为本的思想,使人性得到最完善的发展的问题。具体来说,人本原理在学校体育教学组织与管理中的应用主要通过以下管理原则表现出来:

(1)行为原则

行为是人们思想、感情、动机、思维能力等因素的综合反映和外在表现。意识是人们的内在行为,动作是人们的外在行为。人的动机支配着人的行为,而人的需要又决定着人的动机。行为原则,就是对人的需要与动机进行了解,以人的行为规律为根据来进行管理。我们要对行为原则进行贯彻,就必须对人的心理反应进行了解,使人的动机得到激发,以便人的心理适应性得到提高。

(2)动力原则

在体育教学组织与管理中,应运用各种动力,激发学生进行体育的学习。动力有很多种,包括精神上的和物质上的。物质方面的动力,最常见的就是奖学金,通过发放奖学金来激励学生进行学习;精神动力则是指运用精神的力量来激发人的积极性,保持对学生的尊重和关心,帮助其树立远大的理想等。

(二)系统原理

1. 系统原理概述

系统原理的重要理论基础是整体效应观点。系统原理就是通过运用系统理论,系统分析管理对象,从而使现代科学管理的优化目标得以实现。因为新的有机整体的形成是系统各要素合理排列组合的结果,伴随着新整体的构成,新的功能、特性和行为等得以出现,即具备了各要素在孤立状态下所没有的性质,产生了放大的功能,即产生了“1+1>2”的效果。因此,系统的整体功能之和可以大于各要素在孤立状态之和,且功能的放大程度与系统的规模成正比,即系统规模越大、结构越复杂,系统功能就可能越大。

2. 系统原理在学校体育教学组织与管理中的应用

系统原理要求管理者在学校体育教学组织与管理中必须遵循以下管理原则，以促进学校体育教学组织与管理工作的顺利、高效完成。

(1)“整—分—合”原则

“整—分—合”原则可以简单地概括为整体把握、科学分解、组织综合。遵循“整—分—合”原则要求管理者应做到以下三点：

第一，要树立整体观点。扩大整体效应，实现整体目标是最终目的，但其大前提是整体观点。

第二，正确分解，要明确分解对象。分解是对管理工作的分解，分解要围绕着目标进行。管理功能要求人、财、物等要素统一，因此，必须抓住分解这一关键。

第三，重视分工与协作。分工是非常重要的，还必须进行强有力的组织管理，使各环节同步协调，有计划按比例地综合平衡，既分工又协作才能提高功效。分工要搞好，协作也要搞好，这是对“整—分—合”原则进行贯彻的要求。

(2)相对封闭原则

相对封闭原则是指任何一个系统内的管理手段必须形成一个由连续且相对封闭的回路构成的完整的管理系统，才能形成有效的管理运动。一般来说，管理系统存在着两大基本方面的关系：一是本系统内部各要素之间的关系；二是它与外部相关系统之间的关系。学校体育教学组织与管理系统要在内部形成有效的管理运动，就必须使系统内的管理手段、措施构成一个连续的封闭回路。

(三)动态原理

1. 动态原理概述

动态原理是对管理对象的变化情况进行及时把握，对各个环节进行不断调节，以使整体目标得以实现的规律概括。任何一个管理目标的实现都是不易的，因为人、财、物、时间、信息等管理对象是不断变化的，处在不断发展的过程中。随着管理对象的变化，计划、组织、控制、协调等各个环节也必须相应地进行变化，以对管理对象的变化进行动态地适应，从而使管理目标的实现得到保证。

2.动态原理在学校体育教学组织与管理中的应用

(1)保持弹性

管理系统受多种因素的影响，而各因素之间的关系也具有复杂性，在管理中对所有问题的各种细节进行正确把握是很困难的，因此，在管理过程中必须留有余地，保持一定的弹性，以适应客观事物出现的各种可能性的变化，保证管理活动的正常进行，这就是弹性原则。在管理中如果弹性较小，其原则性就较强，适应能力就相对较弱；如果弹性较大，其适应能力就较强，适应环境就较快。因此，弹性大小的确定没有一个绝对的标准，要以不同的管理层次要求、不同的管理对象和不同的管理目标为主要根据。一般来说，管理弹性可以分为局部弹性和整体弹性，也可以分为消极弹性和积极弹性。在学校体育教学组织与管理实践中，既要注意局部弹性，又要注意整体弹性，要采取遇事“多一手”的积极弹性，避免遇事“留一手”的消极弹性。

(2)重视反馈

系统把信息输送出去，又将其作用结果返送回来，并对信息的再输出起到调节控制的作用，这就是反馈。通过重视反馈来控制管理的过程具体是指通过信息的反馈，对管理者未来行为进行控制，使行为不断逼近管理目标的过程。只有通过不断反馈，才能促成管理目标的实现。

(四)竞争原理

现代社会竞争无处不在，在竞争的过程中，人们自身不断取得进步。对于体育运动来说，竞争更是其突出特征。在体育教学组织与管理中，处处有竞争，时时有竞争。有竞争就有压力，有压力就要奋斗，就要拼搏。实践证明，竞争可以激发个体的工作热情、激发个体的进取精神、挖掘个体的潜能，从而能够促使个体创造性地工作，去克服各式各样的困难。此外，竞争还可以使组织集体充满生机和活力，促进内部团结，增强团队凝聚力。

在学校体育教学组织与管理过程中，应用竞争原理时应注意以下两个方面：

第一，竞争的同时应相互交流、提高。竞争原理强调竞争过程中的互相交流和互相提高。增进参与人员之间的友谊、团结与合作，并培养其团队精神是任何体育竞争行为的目的。

第二，评价或制裁要公平、公正。评价、制裁是同时存在的。评价或制裁的标准应采用定性和定量相结合的方法，尽量采用定量，标准要做到公平、公正，只有这样才能保持竞争的良性循环。

二、体育教学工作组织与管理的具体内容

（一）体育教学过程管理

体育教学组织与管理的目的在于提高教学质量，保证体育教学目标的实现。合理的体育教学组织与管理有利于教学秩序的稳定和教学质量的提高。体育教学组织与管理主要包括以下内容：

1.体育教学计划的组织与管理

体育教学计划是体育教师根据相应的体育教学文件及学校的体育教学工作而制订的准确的体育教学文件。体育教学计划主要包括学年教学计划、学期教学计划、单元教学计划和课时教学计划。学校的体育教学计划是教师开展各项教学活动的重要依据，一般对其的管理包括三个方面：对制订体育教学计划的管理、对实施体育教学计划的监督和调控、对体育教学计划的执行状况进行考评。

2.体育课堂教学的管理

体育课堂教学中，教学组织形态的选择对教学效果具有重要的影响。良好的体育教学组织形态能够促进学生的人际交流，激发学生的学习心理，并符合教材的特性。

各项体育教学活动多是以课堂教学的形式开展起来的，课堂教学是体育教学工作的重要组织形式。对体育课堂教学的管理是学校体育教学

组织与管理的中心环节,对其管理的主要内容包括:确定班级形式、编制教学课表、制定课堂常规、备课与上课、体育课成绩的管理等方面。

(1)确定班级形式

在体育教学过程中,班级是其基本组织形式,各项体育教学活动都是以班级为单位展开的。编班和班额对保证体育课的教学质量具有十分重要的作用。编班方式应根据学校的体育设施条件和师资力量情况决定,还可采用俱乐部教学形式,根据具体的项目特点来确定班额。体育教学的班级编制多种多样,可把一个年级的学生编制为若干个班级,也可将两个班级编制为一个复合式班级。另外,也可根据学生的运动水平、运动兴趣及性别等标准来划分班级。

除了班级教学的教学组织形式之外,分组教学也是重要的教学形式。分组教学是将班级分为若干个小组,教师根据小组的特点进行相应的教学指导。分组教学又可分为同质分组和异质分组。同质分组是在分组之后,同一小组内的学生在体能、技能和兴趣爱好等方面大致相同;而异质分组则是将不同体质、运动水平的学生分为一组,便于两组之间展开竞争。

(2)编制教学课表

编制教学课表对提高教学质量和教学效果具有重要的意义,在编制教学课表时,应注意体育课之间的时间间隔,并合理分配相应的场地和器材。在教学实践过程中,为了弥补教学场地和器材的不足,可将同一进度的班级分别排到不同的时间进行相应的教学活动。

(3)制定课堂常规

课堂常规是体育教学组织与管理的重要依据,对师生的教学活动具有一定的约束和规范的作用。良好、规范的课堂常规有助于形成良好的课堂教学秩序,对教学活动的开展及学生良好的思想品德的形成等都具有良好的促进作用。课堂常规是多方面的,包括道德常规、秩序常规、人际常规、安全常规和学习常规等内容。

制定规章制度是体育课堂教学组织与管理的重要手段,对体育课堂纪律的维持具有重要的作用。它可以维护体育教学的和谐关系,也可以保证体育场地器材的正确使用,并为每个人提供体育教学日常的行为规范。

规章制度的合理制定是前提,严格执行是根本。这就要求规章制度在制定完成后要将制度中规定的要求在课堂教学中严格对照实行。所以,在制定规章制度时,应特别注意以下四个方面的要求:

①规章制度应具有合理性。在制定规章制度时要考虑到学生的年龄和能力,要能被学生理解和接受。在体育课中,安全制度的制定是最重要的。

②规章制度应具有可实施性。制定的规章制度必须是可操作的,能够贯彻和执行的。

③规章制度应具有一致性。体育教学中的每项规定必须明确。

④制定的规章制度要力求简洁明了。规章制度不能模棱两可,而应该清楚地说明做什么、该如何做。

(4)维护课堂秩序

①体育课应建立明确的规范和学习常规。为保证体育课堂教学的有效性,体育教师应该给学生建立一个明确的规范和学习常规。体育教学常规必须符合学生和学校的实际,并具有教育性。

②学生应严格遵守课堂常规。体育规章制度制定后,学生应严格遵守教师制定的课堂常规。体育教师应注意不能意气用事,而是要根据规范采取行动。在体育课堂上,体育教师应合理使用指导与指令,能够明确地指导学生应该做什么、不应该做什么。体育教师能够清晰准确地为学生提供体育学习的具体目标、内容、方法等方面的信息,使学生对学习什么、如何学习等都有一个较为清楚的认识和了解。

③体育教师应善于集中学生的注意力。在体育课堂教学中,体育教师能够将学生的注意力集中在相关的学习内容上。在体育教学活动转换的过程中,体育教师能够及时准确地发出信息,使学生能够更好地明确体育教师的意图,跟上体育教学的进度和安排。

(5)体育课成绩的管理

在对体育课的成绩进行管理时,体育教师应对体育成绩的考核形成正确的认识，将相应的考核作为提高教学效果的重要手段，并设置科学、合理的考核体系，对学生的学习进行客观的考核。在考核中应重视对学生平时学习态度的评价；处理好病伤学生的缓考与补考及残疾学生的免考；做好及时登记、计算、汇报成绩等方面的工作；为改进考核内容、标准、办法提出意见或建议。

3. 体育教学质量评估

在对教学质量进行评估时，应根据一定的质量标准对体育教学的质量及其优劣进行评估。通过对教学质量和教学效果进行评估，体育教学的管理者能更加科学、更加全面地了解体育教学工作开展的实际状况，有利于教学质量的提升，为相应方针政策的制定提供了科学合理的依据。体育教学质量的评估是多方面的，具体可分为领导评估、专家评估、校际评估、自我评估和受教育者评估等多种类型。

4. 意外伤害事故管理

在现代体育教学实践中建立风险处理机制，能使体育教学始终维持在安全的基础上进行。具体来说，学校应根据风险可能发生的概率和严重程度做出不同程度的判断，建立可靠的风险处理机制，将可能发生风险的概率降到最低。

一般来说，风险由客观事物和人为主体构成，具体如下：

(1)客观事物构成的风险

这主要是指体育教学周边环境所带来安全隐患的风险。例如在每堂体育课开始之前，体育教师、场地或器材的管理人员要对所用器材进行全方位的检查，如篮球架是否牢固、单双杠是否结实、场地周边是否有障碍物或利器等。

(2)人为主体构成的风险

这主要是指由于学生安全意识不强、身体不适、对于所学运动技能的掌握不扎实等导致的运动中出现错误动作而引发受伤等安全隐患的风险。例如学生在体操课上练习倒立动作，由于没有掌握正确的保护动作而使颈部重重着地，造成严重的颈部伤病；或在足球运动中铲球动作不正确导致手腿部损伤等。

在对人为伤害进行管理时,体育教师应强化“预防为主,安全第一”的思想意识,在此基础上采取各种有效措施,确保将各种安全事故的发生率降到最低。另外,在相应的事故发生时,还应做好意外伤害事故的现场处理及管理。和其他学科的教学内容不同,体育教学的主要授课内容几乎全部是以身体运动为主。因此,在体育教学过程中,应加强对学生的安全管理,对学生的每一种行为都要严格观察,随时排除风险隐患。

体育教学活动中的意外伤害事故的预防措施主要包括:确保教学活动的各项场地设施和设备符合国家相应的安全标准;学校应采取相应的监督措施,确保教职工能够采取相应的措施预防可能造成学生人身伤害的危险;学校还应建立健全各项管理和保护学生安全的规章制度,并且应保证各项规章制度能够得到严格执行;另外,在开展相应的体育运动竞赛时,还应制定严格的安全检查流程,确保各个环节的安全。

在发生意外事故时,应进行正确的判断,并做出及时的应对和抢救措施,还应做好相应的通报和信息发布工作,稳定师生和家长的情绪,并从源头上消除谣言传播的可能性。

(二)体育教学的课程管理

我国的体育课程管理实施三级管理体制,即国家、地区和学校三级管理。三级管理体制不仅有助于国家对体育教学工作的宏观筹划和管理指导,还能够更好地发挥地方和学校的自主性、积极性和灵活性。

1.国家对体育课程的管理

国家对体育课程教学的管理表现为:教育部对体育教学的基础教学课程进行规划,确定相应的课程内容标准,并制定相应的课程管理政策。

2.地方对体育课程的管理

地方一级管理部门对体育课程的管理如下:地方教育行政部门以国家课程管理政策和本地实际情况为依据,制订本省(自治区、直辖市)课程计划和标准;地方教育行政部门根据本地区的具体情况,制订本地区的课程实施方案,报教育部备案,并在本地学校中组织实施。

3. 学校对体育课程的管理

学校根据国家相应的体育教学的规定及地方的要求，结合本校教学水平及学生的实际情况来确定相应的体育教学的内容，合理开发和选择多种体育教学的课程。体育教学课程的管理内容是指学校根据上级的课程方案，结合本校实际，选编符合本校实际的体育课程教学方案并组织实施。

(三)教学信息的组织与管理

教学信息的管理需要教学得到高质量的评价，并且教师能够得到相应的反馈。教师应在充分发挥学生主体地位的基础上，优化信息传播的结构，使得教学信息能够快速得到传递，并且能够及时得到反馈，师生之间形成良好的协调配合关系。因此，在体育教学中，应注重教学信息的科学管理。

在课程的开始部分，教师首先应简明扼要地向学生说明本次课的基本任务，并根据课程目标来安排相应的准备活动。在课程的基本部分，尤其是基本部分的前半段，教师的讲解较为重要；在课程的后半部分，讲解要有针对性，练习较为重要；在课程的结束部分，教师对学生进行相应的点评。

(四)学生体质与健康管理

增强学生的体质和健康水平是学校体育教学的重要任务之一，对学生体质与健康管理的基本要求包括如下四个方面：

1. 建立健全组织机构

学校应建立健全学生体质与健康检测的组织机构，定期对学生的体质健康状况进行检测，并将其纳入具体的体育工作计划中。一般对学生的体质健康状况进行检查的内容包括：学生的身体形态发育状况、生理机能及身体素质与运动能力水平。

2. 建立各项管理制度

对学生体质健康状况进行管理，学校应建立相应的学生健康管理制度和伤残、体弱学生的体育活动管理制度，切实增强学生的体质和健康水平。在体育教学过程中,教师应严格按照相应的管理制度开展相应的活动。另外,学校还应建立学生健康档案,进行编写、登记,便于随时查阅。

3. 加强对学生健康教育

学校应加强学生体质与健康方面的宣传和教育工作,如卫生与生活习惯教育、心理卫生教育、性教育等,通过丰富多彩的形式进行健康教育,吸引学生参与其中。

4. 开展检查评估

学校要对学生的体质与健康状况进行经常性的检查与评估,并进行深入的分析和研究。针对研究的结果开展相应的宣传教育,并制定有针对性的措施,改善学生的体质,增强学生的健康水平。

(五)运动负荷的组织与管理

体能与身体健康状况具有重要的关系。在体育教学过程中,可通过各种体育游戏、身体素质练习及技能练习等来促进学生体能的发展。通过对人体施加一定的运动负荷,能够促进人体的适应性改变,从而促进人体体能的增强。体能的发展并不是一朝一夕能够完成的,需要学生积极主动地进行锻炼。

体育教师应调动学生参与体育运动的积极性,组织学生进行身体锻炼,使得学生在承受相应的运动负荷的同时,真正体验到运动的乐趣;体育教师应根据学生的具体情况,选择合适的练习内容,确定符合学生生理状况的运动负荷,促进学生体能素质的发展。

(六)体育教学的财物、环境的管理

财物是体育教学顺利开展的重要保证,对其进行管理包括对体育经费的管理和对场馆器材的管理两方面。

1. 体育经费管理

在体育教学过程中,应对经费进行合理规划、使用,进行科学监督,加强经费的经济核算能力,提高管理水平,为学校发展提供必要的经济保障。

2.场馆器材管理

对场馆器材的管理要做到计划配置、合理保管、充分利用、科学保养，保证体育教学过程中场地器材的使用。具体而言，包括场地设施管理及器材设备的管理两方面内容。

(1)对场地器材设施的管理应建立相应的管理制度和使用计划，体育场地设施的管理制度包括场地使用规定、场地管理人员岗位责任制、场地目标管理条例等；使用计划包括训练、教学、竞赛、维修等方面的计划。

(2)对体育器材进行管理时，应对相应的器材设备进行登记保管，并注意定期保养和补充，在使用时应按照规章制度进行领用或借用。

三、体育教学组织与管理的基本要求

(一)明确体育教学的目标

1.为学生确立明确目标

在体育教学中，一旦学生确立了目标，就会更加主动地去实现它，这会激起学生强烈的学习动机。因此，为学生确立明确的学习目标对提高学生学习的积极能动性是至关重要的。

2.确保目标的实现

体育教师在确立学习目标时，应确保目标能够实现，并使学生相信目标是可以达到的。虽然不一定很容易就能达到目的，但是学生应该有机会和潜力实现。

3.为目标确立具体的步骤

在确立学习目标时，体育教师要帮助学生为目标制定小的、可以实现的具体步骤。长期的目标需要被分成一系列更小的短期目标，每个小目标的实现可以被看作是学生向整体目标迈进的一步。当目标被划分为可以完成的小目标时，似乎更容易达到。

4.为目标确立切合实际的实现时间

体育教师在设置实现目标的具体时间时，要以能促进体育教师和学生进行计划和组织为标准进行设置。实现时间可以作为成功实现短期和长期目标的参考，也是评价学生是否按时实现目标的标准之一。

5. 为实现目标做好详细记录

在实现目标的过程中，应对实现目标做好详细的记录。这样可以使目标更清楚易懂，便于让学生对目标进行组织、安排。这样做有利于学生将目标内在化，成为其主观意识。这一目标应该贴在学生能够看到的地方（在保证安全的情况下），并将已实现的短期目标划掉，这样做会收到意想不到的教学效果。

（二）促进学生自我认识能力的培养

培养学生正确认识自我的能力是激发学生取得成功的关键。体育教师应提高学生的自我期待值。学生自我期待值的提高有利于激发学生体育学习的热情，增强学生自信心。体育教师要为学生提供指导，在给学生提供的信息中，首先是自我意识，即提高学生的自信心、自我期待值，充分激发与调动学习热情；其次为学生提供与运动技能认知概念相关的信息。体育教师通过这种方式，激发学生学习体育的积极性，增强学生学习体育的自信心。

教师应根据学生的实际能力，调整学习目标，了解学生的身心准备，帮助学生设定具体、合理的体育学习目标，给学生充足的学习与练习时间，合理安排时间，设定具体时间段，使学生有可供利用、做自己事情的时间，建构鼓励、支持学生体育学习的身心环境。当学生身心发展都达到一定程度时，帮助学生进一步准备各种情景训练，使他们在遇到突发或特殊情况时能应对自如。

（三）促进体育教学水平的提高

现代体育教育是教育的一个重要组成部分，因此，现代体育教学的组织与管理必然也具有一定的教育性。我国体育教育教学的总体目标是“以人为本”，因此，现代体育教学组织与管理也应突出“育人”的特点，在育人的基础上调动学生的积极性、主动性。

为获得优质的教学效果，体育教师需要用系统的思想和方法，综合分析和研究体育教学的各个组成因素及它们之间的关系。体育教学的组织与管理活动应促进体育教学实践的开展，为教学目标的实现、教学任务的完成及教学过程的顺利实施提供前提和保障。

第二节　高校体育教学组织与管理的方法

一、宣传教育方法

宣传教育方法是通过宣传和教育等方式，使人们围绕着共同目标而采取行动的一种方法。宣传教育方法的客观依据就是人们对思想活动发展规律的正确认识。在现代体育教学组织与管理中，采用灌输、疏导和对比等教育工作方法是使管理目标得以实现的有效方式，这些方法可有效激发行政管理人员、教练员和运动员的工作热情，是各项工作开展的前提。另外，宣传教育方法对其他管理方法的综合运用起着传播、解释的优化作用。

宣传教育方法的特点与作用主要体现在以下四个方面：

(一)注重疏导性

宣传教育方法的疏导性主要表现为通过宣传教育的方式，动之以情、晓之以理，启发人们的自觉性。针对被管理者的思想问题，必须正视，不能回避，需要因势利导，才能达到教育的实效。

(二)宣传教育的先行性

宣传教育的先行性主要体现在两个方面：一是通过宣传教育，被管理者可以对管理方法和决策有充分的了解，同时可以思考自己如何配合行动；二是在管理过程中各项决策实施之前，通过宣传和教育，可事先预测到人们可能产生的各种反应，制定相应的宣传教育措施予以预防，从而强化其正面效应，抑制可能产生的不良效应。

(三)宣传手段和方法的灵活性

由于时期和管理对象不同，思想基础、性格类型、价值观念和需求等方面也存在着差异。宣传教育工作需要依据不同的时期和不同的管理对象，对宣传教育的内容和重点、形式和手段进行确定，保持其灵活性和针对性。

（四）宣传教育具有一定的滞后性

由于人们的认识和思想是对客观事物的反映，所以只有在事情发生之后或有些苗头的时候，才能对被管理者进行一些思想教育工作。宣传教育的滞后性对管理者提出了一定的要求，管理者要从实际出发，科学地、正确地分析已经发生的问题，做到以理服人，这样才能使思想教育真正落到实处，使人们的动机从根本上得到激发。

通过宣传教育，既可激发学生参加体育活动的热情，引导学生自觉、主动地参加运动锻炼，又可调动学生体育工作各方面的积极性，从而推动学生体育工作的广泛开展。实践证明，对有关学生体育的方针、政策、规章制度等执行的好坏，与对其所做的宣传是否得力有关。尤其对于正处于受教育期的学生来说，只有加强对他们的体育宣传教育，才能取得更好的效果。因此，要通过班会、周会、板报、墙报、电视、广播、期刊报纸及各种类型的体育娱乐、竞赛与表演活动等方式，大力进行体育宣传，教育学生积极参加体育运动锻炼，促使学校相关领导、管理人员和广大体育教师重视学生所参加的体育活动或工作。这样不仅能提高教学管理的水平，对学生自身的发展也有重要的意义。

二、行政方法

行政方法是指依靠各级管理机构和领导者的权力，运用行政手段，按照行政系统规范进行管理活动的方法。行政方法是由行政管理系统采用命令、指示、规定、指令性计划和职责条例等行政手段，对其各子系统进行调节与控制的一种方法。由于该方法上下级之间的关系非常清晰，上级发布命令，下级服从上级，因此，行政方法的运用应遵循本部门的实际和管理活动的规律。同时，行政方法的运用也对上级领导者的领导素质提出了较高要求，不仅要求领导者具备较高的理论政策水平，而且还应具备较强的组织管理能力，这有利于提高体育教学组织与管理质量，增强组织与管理的功效，促进体育教学目标的实现。

行政方法的特点主要表现在以下五个方面：

(一)权威性

在体育教学组织与管理过程中，行政方法是否有效，所发出指令接受率的高低及上下级之间的沟通是否有效，在很大程度上取决于管理者权威的强弱。因此，要不断地完善和健全各级体育教学组织与管理机构，强化职、资、权、利的有机统一，努力提高各级管理组织和管理者的权威性，是行政方法得以有效运用的基本条件。

(二)纵向性

行政命令的传达执行通常是通过垂直纵向逐层进行的，很多时候，下级只听上级的指挥，对横向传来的命令、规定等，基本上不予理会。因此，行政方法的运用通常表现为上级对下级的指挥和控制，其强调纵向的自上而下，反对通过横向传达命令。

(三)强制性

行政方法具有一定的强制性，这主要是因为行政方法是通过各种行政指令来对管理对象进行指挥和控制，这些指令是上级组织行使权力的标志，下级必须贯彻执行。

(四)针对性

在运用行政方法时，应依据不同的管理对象、目的和实践进行有针对性的改变，其针对性主要体现在实施的具体方式、方法上。由此可以看出，行政方法也有一定的局限性，往往只对某一特定时间和对象有用。由此，我们可以得出结论，在运用行政方法进行管理活动时，既不能把它看成是唯一的方法，也不能不顾对象、目的和时间的不同而滥用。

(五)稳定性

行政方法具有相对稳定的特点，这主要是因为行政管理系统具有严密的组织结构、统一的目标、统一的行动、强有力的调节和控制，对于外部因素的干扰具有较强的抵抗能力。

三、现代管理方法

(一)奖惩法

奖惩法是指在体育教学中采用表扬、奖励先进学生，批评、惩罚落后学生的方式来管理学生的方法。奖惩法如果使用得当，能很好地提高教学的质量和水平。正确使用奖惩法应注意以下两点：

1.要全面落实表彰和奖励机制

第一，要表彰和奖励在课堂上表现突出或在各种竞赛中获奖，以及成绩进步显著的学生；第二，要表彰和奖励积极参加体育运动锻炼的学生。

2.奖励与惩罚相结合

要做到赏罚分明，学生取得成绩时要受到表扬和奖励，学生犯错时要给予批评和惩罚。

(二)隐性管理法

隐性管理法是指教师依据课时计划进行教学目标控制、教学过程控制和教学效果控制之外，间接影响学生心理状态和行为的控制方法。在体育教学中，如果隐性管理运用得当，会对学生起到潜移默化的作用，从而提高教学的质量和水平。隐性管理主要包括以下三种方法：

1.动作启发法

在体育教学的过程中，体育教师的手势、走动及各种表情动作等都传递出一定的信息，学生接收到这些信号，就会做出改变。体育教师的手势具有一定的引导作用，手势动作成为辅助体育教师课堂管理的语言的外部表现形式。体育教师的面部表情也有一定潜在的调控作用，如表现理解的微笑和思考式的点头表示教师对学生的鼓励和期待；表示满意的微笑和赞许式的点头表示教师对学生所做行为的肯定。师生之间的这种默契的互动能形成良好的教学氛围，提高教学的质量。

2.情感交流法

在体育教学中，有一部分学生经常会出现一定的负面情绪，如怕学、厌学等。这些负面情绪对教学质量的提高会产生直接的不良影响。这些负面情绪的产生，原因有很多，但最主要的原因还是教师讲课缺乏生动性和趣味性，难以引起学生学习的兴趣，也就是说教学缺乏情感，师生间的互动不够。因此，作为一名优秀的体育教师，在课堂上必须善于通过情感交流，去完成教学计划，从而达到既定的教学目标。

3.语气引导法

语气引导法是体育教学中教师常用的方法之一。在体育教学过程中，教师把声音的音质、音量、声调、语速和节奏等加以组合变换，融声、色、情为一体，并运用到语气上，能对学生产生一定的诱导性影响，帮助学生将注意力集中在技术动作学习上。

在教学过程中，体育教师主要通过身体行为和有声语言来传递自己的思想和信息，通过情感、动作、语气等的运用，及时纠正课堂上出现的各种偏离现象，从而保证教学活动的顺利进行。

(三)柔性管理法

柔性管理法是一种现代管理的方法，它是相对刚性管理法而言的。柔性管理法倡导用非强制性方式，对人的心理施加潜在的影响，管理者的主要职能表现为协调、激励和互补等。柔性管理法更加人性化，便于组织和管理。柔性管理法在体育教学中主要表现为以下两方面：

1.个体重于群体

学生个体具有很大的差异性，这就要求教师在体育教学中应区别对待。“一刀切”的教学方法不可能实现因材施教，促进学生的共同发展，而柔性管理法的运用，能很好地解决这一问题。

2.肯定重于否定

心理学认为，“尊重”是人的基本需求，包括别人对自己的尊重，如支持、赞美、接受等。如果人在这方面的需求得不到满足，就会产生自卑、软弱心理。在教师对学生进行管理时，特别是在对其进行评价时，应注重对其进行积极肯定的评价，使其心理得到一定的满足。具体而言，在进行柔性管理法时应注意以下两个方面：

(1)注意刚柔互补

刚性管理法强调规范性和强制性，这种管理方法可以确保教学过程有章可循，目标明确，可操作性较强。但是思想过于保守，传统守旧，容易陷入机械化和简单化，而柔性管理法则能弥补这方面的不足。二者配合使用，能收到良好的效果。

(2)注意柔性管理效果的滞后性

在刚性管理中，管理者的意志与被管理者的执行是同步的。而在柔性管理中，被管理者的执行明显落后于管理者的意志。

(四)其他管理方法

1. 加强学生自身的管理，让学生管理学生

让学生进行自我管理是一种良好的方法，通过建立相应的学生自我管理体制，不仅能够促进学生能力的发展，还能够减少教师的工作量。这种管理方式还能够在学生之间形成良好的氛围，并且相对自由灵活，更加易于管理。学生通过自我管理，能够发挥积极性，并且能够充分发展其在管理方面的能力，这对学生的全面发展具有重要的意义。

2. 加强家庭、学校、社会的全方位管理

体育教育管理需要学校、社会、家庭等各方面的积极配合，这样才能够实现更好的管理。因此，在体育教学组织与管理过程中，学校的相关管理部门应积极联系家长，保持良好的沟通和交流，使得家长能够了解学生的学习动态，能够对体育教学提出相应的意见和建议，从而促进体育教学组织与管理的优化发展。在体育教学组织与管理过程中，还应积极听取专家和学者的意见和建议，对教学组织与管理进行科学的改进。

3. 进行感情交流，实行感情管理

热爱体育运动的学生，其性格大多乐观开朗，能够与他人建立良好的关系。因此，这类学生和体育教学之间很容易形成良好的关系。在进行体育教学组织与管理时，教师可与学生进行主动沟通和交流，解决学生的

现实问题,从而能够有的放矢地开展管理工作。

第三节　高校体育教学组织与管理的基本内容

一、体育教学组织与管理的总体要求

体育教学组织与管理的过程是一个复杂的过程,需要进行周密的安排,并且要求各方面密切的配合,这样,才能够保证体育教学活动的正常开展。一般我们可将体育教学组织与管理的过程概括为"制订计划——安排实施——再制订计划——再实施"这样一个连续发展的过程。

(一)加强体育教学的全面质量管理

体育教学活动管理的最终目的,就是不断提高体育教学的质量,加强体育教学的全面质量管理,不仅需要落实到体育教学活动的全过程,还要落实到学校教学组织与管理的所有环节。具体而言,就是要加强体育教学活动全过程的质量管理和加强体育教学全员的质量管理。

(二)突出体育教学活动的专业化特征

体育教学活动具有很强的专业性,这就要求我们把握体育教学的机制,进行渗透化管理,并经常检查管理的效果,从而建立科学、有效的教学组织与管理制度。与此同时,学校还应使体育教师的管理主体作用得到有效的发挥,同时控制好其他的教学因素,并注重教学活动的各种信息反馈,保证体育教学活动能够正常、顺利开展。

(三)形成体育教学组织与管理的方法特色

经过不断研究与实践,当前我国已经基本形成了一些体育教学组织与管理的特色。如在指导思想的管理上,把育体与育心、社会需要与学生需要、校内体育教育与社会终身体育结合起来;在教学内容的管理上,将民族性与国际性、健身性与文化性、实践性与知识性、统一性与灵活性结合起来;在教学的宏观控制上,把行政管理与业务督导、统一要求与分类

指导、基本评价与专题及特色评价结合起来；在教学过程的管理上，把教师主导作用与学生主体作用、以理施教与以情导教、教学的实效性与多样化、严密的课堂纪律与活泼的教学气氛、激发学生兴趣与培养刻苦精神结合起来，这些都体现了我国体育教学活动管理的总体要求，即形成体育教学组织与管理的方法特色。

二、体育教学组织与管理的计划

在制订相应的体育教学组织与管理计划时，应对学校体育教学的各项工作进行综合考虑、科学安排。各项管理计划的制订，既要保证能够充分调动各方面的积极性，又要能够促进教学质量的逐步提高。具体而言，学校体育教学组织与管理的计划包括以下五个方面：

（一）体育教学计划

1. 体育教学工作计划

体育教学工作计划是贯彻国家制定的体育教学大纲和教材，科学地安排整个教学工作，顺利完成教学工作目标不可缺少的文件，是体育教师进行体育教学的主要依据。它包括全年教学工作计划、单元教学计划和课时计划等。

2. 学年体育工作计划

学年体育工作计划是在长期规划的基础上，概括国家的教育和体育方针、上级领导机关的指示精神、学校工作的中心任务及要求，在总结上学年或上学期体育工作的基础上，结合学校体育工作的实际情况制订的。

3. 课外体育工作计划

课外体育工作计划是学校体育工作计划的一个重要组成部分。它包括全校课外体育工作计划、班级体育锻炼计划和个人锻炼计划等。学校应结合本校实际与学生的具体情况来安排相应的课外体育工作计划。

（二）业余运动训练计划

学校业余运动训练是学校体育的一项重要任务，积极开展业余训练可以增强学生体质，提高运动技术水平。它可以分为个人训练计划、集体训练计划、学年训练计划、阶段训练计划、周训练计划、课时训练计划等。业余训练计划是增强大学生运动员专项素质的重要保证，应针对大学生运动员的运动特点合理制订计划。

（三）运动竞赛计划

运动竞赛计划是检查教学质量、衡量运动训练水平、选拔优秀体育人才的重要手段。它包括年度竞赛计划、学期竞赛计划。制订运动竞赛计划时应考虑和上级竞赛计划相吻合，在时间安排上要尽量利用节假日时间；在项目安排上除考虑竞技体育项目外，还要考虑学生喜闻乐见的项目。

（四）教师培训计划

时代总是处于不断发展变化中，这就要求教师在教学过程中不断学习新的知识，不断提高自身的素质。在制订教师培训计划时，要考虑到每个教师的业务水平及学校体育的发展水平、年龄层次，要结合教学的实际情况，在不影响教学的情况下轮流培训。教师培训计划是提高教师素质的重要形式，同时，还应促进教师思想意识的发展，促进其提升自我。

（五）场馆、器材使用计划

制订场馆建设、维护和器材购买、维修计划，应考虑到学校体育的发展情况，同时要考虑实际情况，合理地配置有限的财力、物力资源。场馆、器材计划制订的最低限度是保证各项教学活动能够正常开展。

三、体育教学组织与管理的检查与评价

学校体育教学组织与管理的目标能否实现，以及相应的体育教学计划能否正常执行，在很大程度上决定着能否对体育教学组织与管理的过程进行有效的控制。在高校体育教学过程中，经常会出现原有的工作计划与现实发生矛盾的情况，这时就需要采取相应的措施保证体育教学组织与管理目标的实现。如果无法发现其中的问题，不能及时进行必要的

信息反馈，就无法解决问题，以致影响体育教学效果，不利于体育教学目标的实现。学校体育教学组织与管理的检查与评价，是全面贯彻党的教育方针，实现学校体育教学目标的重要措施。

在对体育教学组织与管理工作进行评价时，其具体步骤如下：

(一)明确体育教学组织与管理评价的目的

解决为什么要进行评价是进行体育教学组织与管理评价的首要环节。任何一项体育教学组织与管理评价活动，都是在一定目的的指导下进行的。体育教学组织与管理评价的具体目的不同，评价的内容、组织形式和方法也不同。

(二)成立评价小组或评价机构

体育教学评价小组或评价机构是体育教学组织与管理评价的主体。成立体育教学组织与管理的评价小组或评价机构时，要依据具体的情况确定小组或机构的性质、规模及其人员组成。体育教学组织与管理的评价小组或评价机构可以具有长期的连续性和稳定性，也可以是临时性的。但是，无论是什么样的评价小组或评价机构，都必须具有权威性。体育教学组织与管理的评价小组或评价机构一般由分管领导和专家组成。

(三)制定评价标准和指标体系

确定体育教学组织与管理的评价目的之后，就需要解决评价什么的问题了，也就是对体育教学组织与管理的评价目标进行分析并使之具体化。体育教学组织与管理的评价者要对评价指标进行认真研究，尽量通过试评获取典型或实例，以便统一尺度，进而制定合理的体育教学组织与管理的评价标准和指标体系。

(四)收集体育教学组织与管理的评价信息

收集信息也是实施体育教学组织与管理评价的一个重要环节。在高校体育教学评价过程中，收集信息的方法主要有以下五种：

1. 观察法

评价者依据指标内涵的要求和评价对象的特点，有目的、有计划地直接进行自然状态下或控制条件下的观察,进而获取评价信息资料。

2. 问卷法

评价者通过书面调查了解评价对象,从而获取评价信息。

3. 访谈法

评价者依照访谈提纲,通过和评价对象面对面谈话或者是小组座谈会的方式直接搜集信息。

4. 测验法

评价者依据评价内容编制一定的等级量表和标准的试题,用来收集评价信息。

5. 文献法

评价者通过查阅与评价对象有关的文字记载的资料,进而收集评价资料。

(五)判断体育教学组织与管理的评价结果

在收集到了有关评价对象的资料后,就要对其加工处理。只有依靠评价资料的加工处理(反馈评价结论、意见或建议),才能做出科学的、正确的判断。同时,指出评价对象的优点及其存在的问题,分析原因,进而提供改进办法和措施。在实施评价的过程中如发现方案有缺陷,必须及时修正。

第四章　高校体育教学模式的理论与实践

第一节　高校体育教学模式现状及其发展趋势

进入新世纪以来，随着我国高等教育改革的不断推进，高校体育教学模式也成为研究者研究高校体育教学的热点问题之一，被给予了较大的关注。因此，探讨当前我国高校体育教学模式的现状，并在此基础上分析我国高校体育教学模式的发展趋势，符合当前我国高校体育教学改革的理论需要和实践需要。

一、体育教学模式的基本概念

高校体育教学模式是在高校体育教学理论和教学思想的指导下，在体育教学实践中形成的相对稳定的关于教学活动的一套相对标准化的结构模式，是体育教学理论和体育教学实践的桥梁。高校体育教学模式具有明确的指向性、操作性、完整性、稳定性及开放性等特点，由现代体育教学思想、体育教学目标、实际的操作程序、实现条件（教学内容、教学手段、教学环境等）及教学评价五个部分组成，是实现高校体育教学目标的重要载体。

二、当前我国高校体育教学模式的现状

（一）当前我国高校体育教学的基本模式

我国高校体育教学在长期的发展过程中逐渐形成了多元化的教学模式，各种教学模式在高校体育教学中发挥了巨大的作用。当前我国高校

体育教学中使用较为普遍的教学模式主要有以下五种：

1.“三基型”模式

“三基型”体育教学模式是我国高校体育教学的传统教学模式之一，在我国高校体育教学中拥有较为悠久的历史。所谓“三基型”教学模式即体育教学过程中注重对学生进行基本的体育知识、基本技术和基本技能的培养，以班级为单位进行授课。教师的主导作用得以充分发挥，学生能够获得较为扎实的体育知识并获得相应的体育技能，有利于体育教学活动的有效开展。但是其缺陷也十分明显，即学生在教学活动过程中的主体性地位被严重忽视，学生的学习热情和积极性不高。随着我国高校体育教学改革中对学生主体性地位的重新认识和重视，这种教学模式事实上已经退出了我国高校体育教学的日常教学模式了。

2.“三段式”模式

这种教学模式是为了克服“三基型”教学模式的弊端而发展起来的，主要将大学阶段的体育教学分为基础课、核心课及专业选修课三阶段，并且在一年级、二年级和三、四年级分别进行，这就在一定程度上对学生的主体性地位予以了尊重，既重视了学生基本的体育知识的传授，又在此基础上培养学生的体育技能及良好的体育习惯及能力等。“三段式”模式在“三基型”模式的基础上有所提高，但其本质上仍然是“三基型”的升级版，并未从根本上对学生学习的主体性地位予以尊重和重视，尽管如此，“三段式”模式目前仍然是高校体育教学的“主力”模式。

3.“一体化”模式

“一体化”模式模式是近年来出现的新的体育教学模式，其主要目标是通过高校体育课程培养学生良好的体育意识、体育习惯。将学生的日常体育活动，如早操、课间操及体育课堂等联系起来，是一种较为理想的教学模式。但是其对教师的要求较高，尤其是对体育教师进行教学组织、课堂管理的要求过高，使得教师的教学任务过重，在实际中难以真正有效实施。

4."并列型"模式

这种模式主要是改变以往高校体育教学中将基础课程和选修课程按年级分开进行的做法,将这两种课程在一年级和二年级分开进行,有助于激发学生对体育课程的热情和积极性,有助于提高课堂质量,能够有效开展因材施教的体育教学,但是却在一定限度上忽视了学生基本的体育知识和技能的养成,在高校体育教学中的最基础的教学目标上难以达标。

5."俱乐部"模式

"俱乐部"模式是当前少数高校在体育教学中使用的教学模式,其在"终身教育"思想的指导下,学生按照兴趣或者特长选择不同的"体育俱乐部",各个俱乐部在教师的指导下独自开展活动,最后由教师分别进行评定。这种模式有利于激发学生对体育课堂的热情和积极性,对学生养成基本的体育技能、体育意识和良好的体育习惯等大有裨益,同时还可大大促进学生之间的交际和社会性发展,可以说是一种最理想的体育教学模式。但是,目前这种教学模式还处于"试验"阶段,其教学模式、组织形式、评定方式等还未有统一定论,同时其对教师的组织、管理及教学设施等有较高的要求,在我国大部分普通高校中难以顺利开展。

(二)当前我国高校体育教学模式的基本现状

1.高校体育教学模式在各种内外力的推动下需要适时进行改进

随着我国高等教育改革实施的不断深入,高校体育教学的改革也已进入新的阶段,各种新的教学思想、教学理论纷纷进入到高校体育教学中,推动着作为体育教学的重要载体的体育教学模式进行不断的改革。同时,高校体育教学发展过程中存在的问题、学生对体育教学质量新的要求等也在不断对高校体育教学模式的改革施加着新的压力,这些都使高校体育教学模式必须加快改革步伐,从而对新的改革要求做出积极回应。

2.高校体育教学模式存在多样化,并将在一定时期内继续存在

从以上分析可以看到,当前我国高校体育教学模式存在多样化,体育

教学中存在着多种教学模式，这主要是由我国高校众多，高校层次、种类等的不同造成的。随着我国高校体育教学模式改革的不断推进，高校体育教学模式也将快速走向科学化。但是这种多元化的教学模式格局仍将长期存在，因此，高校体育教学模式的探索道路依然漫长。

三、当前体育教学模式实施中存在的问题

(一)学生主体地位得不到充分体现

教学是一个双向的活动，在这一活动中教师是主导，学生是主体。在高校体育教学中，课堂应该是学生的，学生应该充分发挥他们的主体地位，教学活动的设计都应该以提升学生主体性和主动性为根本，来促进学生的全面发展。“以学生为本”或“学生为主体”不是一句空话和口号，要求教师切实为实现这一思想做足准备。在备课时备教材、备学生、备场地，考虑到学生的兴趣爱好、心理、生理状况，设计教材内容必须符合学生的学情。教学模式是为教学服务的，教学模式的运用必须考虑到教学效果和学生的实际接受情况。目前，高校体育教学模式的运用不能充分体现学生主体地位，不能很好地适应学生的情趣爱好和接受能力，备课不充分不全面。久而久之，学生的学习积极性严重受挫，从而影响了教学质量。

(二)教学内容陈旧

大部分学生大学学的都是篮、足、排、田径等竞技项目。练习也是模仿运动员的训练方法，把学生当运动员训练，把体育训练和体育教学的概念搞混，以至于影响教师对教材内容的选取。教师要满足不同学生的兴趣爱好需求，开设更加全面的教学内容，把体育课上成学生愉悦身心的游乐场，把体育的娱乐性、多样性、群众性、健康性挖掘出来并统一起来，把学生的思维活跃性、创造力、想象力调动起来，在课程目标的指引下开创体育教学内容新局面。

(三)现行的体育教学模式的实践性较差

在实际的操作过程中，现行的体育教学模式的实践性比较差，大部分

的体育教师和学生的专业水平及现有的教学用具等都无法与体育教学模式相适应，因此，实践性较差，教学模式要体现的作用和要达到的目标也就无法顺利实现。

(四)不注重大学生的身心特点

大学生正处于青春洋溢的年龄段，现代大学生的思想比较开放，对新鲜事物有着充分的好奇心，并且大学生都已经是成年人，自我意识和独立观念较强。但是现在高校的体育教师在教学时不重视大学生的年龄特点及心理特点，还是采用传统的教学模式，降低了大学生的学习兴趣，因而体育教学的效率也就大打折扣。

(五)大学生自身学习态度差、不够积极

学生自身学习的主观能动性在很大程度上决定学习效果的好与差。在学习中，学生是学习的主体，由于各种客观原因，大部分大学生对体育兴趣淡化，久而久之对体育课产生反感，觉得上体育课就要放弃自由活动，恶性循环导致他们对体育课产生偏见，忽视了体育的教育功能。

四、我国高校体育教学模式的发展趋势

(一)培养大学生的体育健康意识

现阶段，生活水平虽然大大提高，可是国民的身体素质却在下降，我国已经提出了“全民健身”的口号。国民对于健康生活的向往愈发强烈，因此对于体育运动也越来越重视。然而，不科学不合理的体育运动反而会损害国民的健康。所以，体育教师在上课的过程中一定要依据每位学生的身体素质进行教学，使得体育运动符合学习的实际情况，从而促进学生的身体素质的提高。除此之外，在体育教学过程中，体育教师还要重视学生的心理健康，对大学生进行适当的成功教育与挫折教育，提高大学生的心理承受能力，使其不仅能够身心健康发展，还能够适应国家发展的需要。

(二)创新教学理念

教学改革，理念先行。一方面我们要积极学习新的教学理念，把新的

教学理念学懂、弄通、用好。另一方面，我们要切实认识到旧的教学理念的弊端给学生带来的伤害；要摒弃“填鸭式”“一刀切”“满堂灌”的教学方式，积极采用学生主体、教师主导、因材施教、探究学习等新的教学方法，努力调动学生自身学习的积极性、主动性，将素质教育提倡的面向全体学生、促进学生全面发展的教学理念落到实处。

（三）创新教学手段、方法

现代化教学手段有利于激发学生的学习兴趣。提高学生学习效率。电化教学手段在现代化的今天应该被充分利用起来，使体育运动技术的学习更直观形象，精彩赛事的播放更有利于学生体育欣赏水平的提高。教学方法应该与时俱进，教师培养学生创新能力就必须采用培养学生创新能力的教学方法。发现法就是其中的一个，它是指学生在教师循循善诱的情况下主动思考，教师再给出答案，不能把现成的答案直接告诉学生，如果直接给出答案的话教学效果比较差。再就是小组合作学习法。教师将一个班的学生分成几个小组，在分组练习环节，学生在小组长的安排下自主练习，互相讨论、互相学习、互相帮助，既调动了学生自身学习的主动性，又培养了学生的发散思维，从而潜移默化地培养学生的创新能力。

（四）适当融入娱乐体育的观念

现阶段，体育运动正如火如荼地发展，而体育运动的娱乐功能逐渐地显示出来，并且体育运动也逐渐地融入普通家庭的生活中。体育运动不仅能够强身健体，还可以娱乐身心，这表明国民对于体育运动的认识逐渐地深入和理性。高校体育课程也应跟随时代潮流的发展而发展，除了传统的体育项目，如田径、球类运动之外，体育教师还可以在体育课堂中加入新的体育项目，丰富高校体育课堂的内容，促进大学生的全面发展。

（五）高校体育教学评价要注重科学与民主

高校体育教学改革，不仅要改革教学内容和教学方法，还要改革教学评价。高校体育教学评价要充分重视大学生的主体地位，降低结果性评价的比重，要增加教学过程的评价的比例。除此之外，高校体育教学评价标准不可以“一刀切”，要依据不同年龄、不同学科、不同身体素质等具体特点去选择不同的评价方法。

综上所述，高校体育教学对大学生的身心健康发展起着非常重要的作用，因此，高校体育教师必须重视我国现阶段高校体育教学模式中出现的问题，发现问题并解决问题，促进我国高校体育教学的健康发展，促进大学生的身心健康。

第二节　高校体育教学模式要素及整体优化

高校体育教学模式是指在一定的教学思想或教学理论指导下，建立起来的较为稳定的体育教学活动结构与活动程序，旨在通过一定程度的体育专业性学习，建立基础且较为完备的体育认识体系，在课余生活中健身娱乐、怡情修身，培养德、智、体、美、劳全面兼顾、完备发展的全能型人才。只有明确体育教学模式中的三大要素，即教学指导思想、教学过程结构、教学方法体系，并逐步改革再创新，才能使其更为契合时代发展要求；只有各个环节不断巩固加强、环环相扣，才能使之全面优化，更加符合当今教育主题。

一、高校体育教学模式的三大要素

（一）教学指导思想

教学实施的主体对象是学生，应秉持以生为本的原则，将学生个人能力的稳固提升和长期可持续发展放在第一要义，以塑造全能型人才为教育的最终目的。贯彻素质教育和终身教育，以素质教育为主题，将教育落到实处；以终身教育为标杆，将教育伴随终身；并以德、智、体、美、劳多元化要素为辅助，促进学生身心素质全面发展。纵观中国长期体育教育状况，真正实现教育素质化和终身化的例子少之又少，归根结底还是传统观念难以扭转。学生长期处于重视文化教育而轻视文体艺术培养的环境中，不仅是家长，就连教育的施行者体育教师也在意识层次弱化了对体育教育的重视程度,使得学生知识的获取缺乏完备性和全面性,单一被动地接受文化知识,而并非出于学生个人意愿的选择知识能力的诉求。在身心全面发展的阶段,接受畸形且功利化的教育将会阻碍学生个人能力的全面提升与天赋的发掘,出现能力发展的短板,不利于学生个人能力长期稳定的发展与提升。作为体育教学中的骨架,构造一个合理且牢固的框架,树立积极的教学指导思想,是体育教育在新时期新阶段中贯彻实行的先决要素。

(二)教学过程结构

受到天气及场地等诸多不确定因素的影响,在体育教学中时常出现意外情况,严重影响了教学计划的有效实施。而这些不可预测性因素的影响,恰好考验了教师个人的应变性和灵活性,使得教师与学生的默契配合与相互尊重显得尤为重要。这也从另一方面说明,体育教学急需更多的关注和投入,需要学校硬件设施的进一步投资与加强,将更为完善的体育教学设施投入教学活动中,以应对不确定的突发性状况。相比于一般的学术性教育,体育教育更关注的是学生的实际参与度,是一种更加直观的可变性过程,其结构的合理性与否体现在学生能否适应教学节奏与模式,以最大程度地实现教学目标。与专业的竞技体育训练目的不同,高校体育课程的开设旨在锻炼身体,促进学生身心健康与文化学习同步提升。通过贯彻"健康第一"的理念,激发学生的运动热情,丰富业余生活,达到终身体育的健康意识。教学过程结构作为体育教育的核心,将教学指导理念与实际情况相结合,形成多元化、高效化的课程结构,以谋求终身体育意识的发展,实现整体优化的核心任务。

(三)教学方法体系

有了以指导思想为筋骨,过程结构为骨肉,急需的就是以高质量高效力的教学方法体系为灵魂。知行合一,贯彻落实对体育教学模式的系统性优化。与拘束在单一教学空间的传统知识教学相比,体育教学有更多的可操作性与灵活性;不受单一人员和场地的限制,体育教学有更加丰富的教学内容与更加广阔的教学空间。从田赛到径赛、从排球到网球,风格迥异的体育项目为体育教学提供了丰富的教材实例，也让学生有了更多的主观选择权与教学参与度。内容的可操作性有利于激发学生的学习兴趣，根据自身能力的发展和身体素质的不同，有选择、有需求地学习，因人而异、因材施教，多元化的教学体系促进学生的个性发展，使每一个学生都拥有自身的独特性，成为鲜活而不可替代的个体。教师还可以根据所处地域的区域特色，因地制宜，创建具有地域特色的教学活动，让学生在亲身经历中更加有融入感，积极配合教师的教学。只有通过高质量的课堂教学，学生与教师的默契配合与相互协调才能积极提高课堂效率，达到事半功倍的效果。高效课堂的塑造离不开教学方法的引导，因此，寻求一种高效率、高参与度的教学体系至关重要。

二、体育教学模式整体优化的原则

(一)整体性原则

体育教学模式整体优化中的整体性原则是将体育教学模式看作一个系统，它由纵横两个轴向构成，纵向是由学年、学期、学段、单元和课时组成；横向是由实现教学的手段、方法组成。教师在进行课堂设计时，要使学生调动积极性来调度和操作课堂，对体育教学的大环境做一个具体的、整体的判断和分析，这是体育教学模式整体优化中的整体性原则的体现。

(二)关联性原则

1. 教学目标和学生接受程度相匹配

学生能够理解和接受教师在教学目标设定中的高度和梯度，并能够按照教学方案实施进行，这就是有效的可以达到的教学目标；反之，有五成及以上的学生未能达标，教学目标就应该被重新设定或更换。

2. 教学条件的利用程度和学生训练达标层次的相关性

体育教学在已有条件的利用上，总有具体条件的限制，例如器材的陈旧、场地的不足、可利用器材和人数上的不成比例，都需要教师在教学条件的利用和开发上兼顾实际情况和教学目标的平衡。

3. 在教学中，对学生情况的检测和体能、体质的分配

体育教学和其他课堂教学的最大不同，是除了应有的理论教学外，它有大量的运动技能学习，这是需要学生绝对参与并亲自练习的动态式教学。

（三）综合性原则

体育教学模式整体优化在关联性中对局部因素进行关系分解和比重考核后，在教学结果的评测阶段要注意综合性原则的应用。检测教学结果的有效方式就是测试。教师要对每一次总结出来的未达标因素进行收集、归类，通过课堂外的研究分析，寻找解决的方法，并将方法再次投入课堂教学训练中，转化为教学手段。

三、高校体育教学模式整体优化的策略

经济发展伴随着社会文化生活的改变，映射到衣、食、住、行、求职就业等日常生活中的方方面面。日新月异的变化使得传统教学模式受到严重的时代冲击，也迫使教育界正视日渐凸显的教学模式整体优化问题。长期不被重视的体育教育模式整体优化也被提上日程，并成为改革的核心与重点。分析高校体育教学模式的要素组成、如何对体育教学模式进行整体优化以求达到教育实践活动与社会发展相接轨是一项任重而道远的任务。

（一）教学观念再造

在传统的意识观念里，很多人理所应当地认为学生除了学习知识以外，无须参与其他与考试无关的事情。这种思想使得学习的风气过于浮躁，无形中营造了体育无用论的教育大环境，导致大多数学生体育基础薄弱、身体素质不达标等诸多问题的爆发式出现。在高速发展的信息化时代，这种畸形的教育理念与时代进程的矛盾日趋激烈，引发了教育界的反思。只有消灭思想里根深蒂固的偏见和毒瘤，才能真正从精神层面对体育教育加以重视和关怀。学校作为培养人才的摇篮，是思想改造的第一道阵线，而作为整体运行决策的学校领导者，其肩上的责任不言而喻。观念再造首先就是整顿风气，领导者应当通过亲身实践来带动学生积极参

与，以身作则说明运动的重要性，从而使得整个学校都充满积极投身运动新浪潮的热情。其次就是改正部分教师的思想误区，在长期消极懈怠的工作环境中，很多体育教师的工作热情都有所降低，毫无工作建树可言，教师自身的不积极会严重影响学生的积极性，而想要阻止负能量的扩散，则需要在教师思想根源上下功夫。这就需要通过一系列教师动员会和举办大型的校内体育竞赛活动，让教师看到学校改革举措的决心，进而坚定不移地完成体育教学任务。最后学生和教师均得到良好的重塑，新型教学观念被植入教学日常中，体育教学活动得以良好进行。

(二)教学结构合理化

因为长期处于劣势地位，体育教学中存在着教学设施落后老化、教学场地受限等诸多不利因素。硬件设施的不到位使得教师课堂教学表现平平，长期拘泥于某种单一化教学模式，体育教学的多元性与可变性等学科属性得不到生动体现。该问题的解决需要学校投入更多的人力和物力，只有重视程度上去了，才能解决配套设施不到位的问题。除硬件设施这类客观问题外，教师个人能力的体现也格外重要。教师在教学中要秉承以学生为主的观念，通过积极引导，实现学生个人主观意识的最大化发展，让学生成为课堂的主人和领导者。学生作为一类有个性的群体，教师除了满足每一个学生的学习需求外，更多的是要尊重每一个个体间的差异，进行个性化教学和引导，满足每一个个体的能力培养要求。为避免教学结构的单一化和强制化，教师可根据学生的兴趣方向和身体差异，开设多门课程以供选择，以学生发展为出发点制订最优选择方案。

(三)寻求最优化教学体系

时代的发展使得体育教学中诸多问题得到重视，但当务之急并不是如何快速解决这些问题，而是寻求一种最合理的教学体系，从根源上避免问题的再次发生。诸多涌现出的专家学者的研究成果和教学建议，缺乏对所在学校实际的考量和专业的评估，没有切实的说服力，也很难做到从各方面完美契合学校整体优化的全面需求，这也在一定程度上影响了对最优教学体系的制定，使得寻求方向越发无所适从。在这种情况下就更加需要以一种平和稳定的心态去面对问题，以实际问题为考量对象，以学生的切实利益为出发点，在不断地改革再优化重复交替的过程中，稳住脚步，愈加精进。细水长流，才能走得更远；专注务实，才能飞得更高。只有坚定以育人成才为最终目标，使终身教育的观念深入人心，奠定个人身心长远发展的素质基石，充分调动自身发展个性，才能造就德、智、体、美、劳全面发展的社会主义全能型人才，真正让学校成为培养人才的摇篮。

在我国高校体育教学不断发展的过程中，首先对教学模式中的各个要素进行全面的分析与了解，积极掌握各个教学要素的主要内容与重要作用；其次才能在此基础上更好地对高校的体育教学进行整体优化，其最终目的是明确体育教育的教学观念、教学结构与教学体系在教育体制中的作用，更好地为人才优化培养提供服务。因此，笔者认为充分调动和发挥教育体制改革的有利因素，革除各类弊端和陈年旧疾，克服缺点漏洞，稳固薄弱环节，以最优化的手段对教学模式进行再优化、再创造是促进国家高要求新型人才持续发展的重要推动力量，同时也是极好的资源储备力。

第三节　高校体育教学模式中发挥学生主体性研究

随着社会的快速发展，人们的体育需求剧增。高校体育教学要顺应这一转变，突出学生体育素质发展，基于学生主体设计体育教学，优化高校体育教学模式，构建新型教学模式，提升高校体育教学效率，为学生终身体育发展奠定坚实的基础。

一、体育教学中发挥学生主体性的必要性和重要性

（一）改革传统教学模式、深化体育教学改革的需要

1. 传统教学模式无法满足学生和教学的需求

“讲解—示范—练习”这种传统的体育教学模式，是应试教育的衍生

品，它为应试教育服务。在这种教学模式中教学内容主要是考试，教师以传授竞技运动技术为中心，教学活动以考核和检查教学质量为任务。这种教学模式忽视了学生全面锻炼身体、掌握体育锻炼技能的需求，忽视了对学生体育运动及健身保健基础知识的传授，忽视了学生的学习兴趣及学生终身体育理念的培育。

2. 高校传统体育教学强调体育教学的规范和统一，教学方法和教学内容单调、呆板

传统教学模式忽视了因材施教原则，对体育素质好的学生来说在现在的体育课上“吃不饱”，而对于体育素质差的学生则是“吃不消”。

3. 填鸭式讲授方法使学生缺乏运动思维的实践

单一的填鸭式教学法的课堂里，老师滔滔不绝地讲，学生昏昏欲睡地听，上课讲、下课忘，以灌输的方式进行教学缺乏对学生的引导。

(二)培养高素质现代化人才的必然要求和基本保障

1. 体育教学中发挥学生主体性有利于高校学生社会责任感的培养

负责是对每一个人在人生各阶段承担的重要角色共通性的道德要求。高素质现代化人才的一个重要的衡量标准是是否具有社会责任感，特别是现在高校学生大部分是“90 后”，被认为是社会责任感缺失的一代。社会责任感的形成是多方面因素共同作用的结果，而高校学生在体育教学中发挥主体性在其中发挥着重要作用。在体育教学活动中，学生主体性的发挥是一种主动介入，体现的是学生的一种“自由”的状态，意味着权利和义务的统一，高校学生在体育教学活动中的责任是完成教学任务。在体育教学中无论是教学分组、保护帮助还是协助活动都会培养学生既对自己负责又对他人负责的意识和精神。所以体育教学中发挥学生主体性有利于高校学生社会责任感的培养。

2. 体育教学中发挥学生主体性有利于获得成功的情感体验

在高校体育教学中，学生发挥主体性，在体育教学过程中亲力亲为，获得生活体验和培养生存能力。在教学体验中成功掌握一项运动技能或

者成功带领自己的小组取得体育比赛的胜利,都会给学生带来满足感和享受感,这有利于学生获得成功的情感体验。

3.体育教学中发挥学生的主体性是提高体育能力的有益尝试

身体是革命的本钱,现在越来越多的人意识到身体健康的重要性。学生主动参与体育教学活动,为教学活动提供了活力,体质差的学生增强了体质,体质好的学生进一步巩固了体质。学生利用自己的认知,对外界信息进行选择和推断,主动构建对外部信息的解释系统。在发现问题、解决问题的体育教学过程中学生不自觉地提高了自身的体育能力。

4.体育教学中发挥学生主体性有利于自我认识和与他人沟通能力的培养

发挥学生主体性可以使学生个人正确地认识自己和了解他人。积极参与体育教学,一方面使学生培养了自身的亲和力并加深了对自我的认识;另一方面使学生学会了与人相处的艺术。这既能恰当地表现自己,同时又给别人留有表现的余地。体育教学中发挥学生主体性有利于锻炼和提高学生认识自我和与他人沟通的能力。

二、在体育教学模式中发挥学生的主体性研究

在体育教学模式程序中,教师是主动的决策者和建设者,是学生学习的促进者和合作者,学生是教学的主体,其程序要围绕"一切为了学生、为了一切学生、为了学生的一切"这个中心,要让学生充分体验运动学习中的乐趣,满足学生的个体需要,尊重学生的自我选择,教师指导学生自定目标、自我评价,逐渐培养其自学自练及创造性思维和相应的体育能力。在体育教学模式选择运用的过程中,教师应从转变教育观念入手,树立"一切为了学生发展"的教育理念,并在教学过程中贯穿始终。

体育教育教学的实质是引导学生学习和促进其主动发展,为了在教学中体现这一实质,要确立这些教育理念:第一,教学过程中要体现个性。一方面在教学中应把促进学生个性发展作为基本目标;另一方面在班级教学的条件下,要关注学生的个体差异,因材施教,让每一个学生获得成

功。第二,教学过程中要体现自主性。把激励学生自主活动放在首位,使学生在活动中能表现自我,促进其个性发展。第三,教学过程中要体现合作性。具备与他人合作共事的愿望和精神,具备协调和组织能力,是高校学生获得主体性发展的重要目标。

(一)在体育教学中启迪与培养学生的主体意识

主体意识是指作为认识和实践活动主体的人对于自身的主体地位、主体能力和主体价值的一种自觉意识,是主体自主性、能动性和创造性的观念表现。自我意识是学生主体对自身及其发展的自觉自我意识,包括主体对自己机体活动的状态及对自己思维、情感、意识等心理活动的认识。在体育教学中,为促进学生自我意识健康、迅速地发展,要尊重学生的独立意识和"成人感"。学生作为教学中的一个独立因素,教师要保证他们有独立的学习空间、独立的活动时间、独立的人格空间。教师应与学生平等相处、以诚相待,调动学生运动的自主性和积极性,让学生主动地参与教学活动,提高自我意识。

1. 问题意识

问题意识即学生主动质疑、存疑、设疑、问疑的自觉意识。在体育教学中,为了增强学生的问题意识,教师在教学过程中要有计划、有目的地设置问题,并鼓励学生提问,让学生带着问题学习动作,养成不断提出问题、独立思考、自我探索、自我创造、自我实现的习惯,使学生能够从本质上理解和掌握体育技术动作。

2. 参与意识

参与意识即学生全身心地投入并参与教学活动的自觉意识。在协作交往思想的指导下,让学生主动地参与练习,积极思考,产生积极学习的愿望,使每个学生都积极参与教学过程。教师要把握好学生参与的时机,选择适合学生参与的内容,精心设计教学的每一个环节,让学生尽可能参与;同时应注意分层教学,不同学生的参与机会要因人而异,兼顾全面性与层次性,使学生的参与意识牢固、持久。在培养学生参与意识的同时,教师还应注意学生合作意识的培养,让学生形成主动寻求学习伙伴并共同探索问题的自觉意识;通过不断地交流与合作,使语言、情感、思想都得到沟通,互相尊重,进而提高学生的组织能力和交往能力。

3.评价意识

评价意识即学生主动对人或事物做出事实判断和价值判断的自觉意识。在体育教学过程中,教师要尊重学生的评价,对教学要有自我否定的概念,经常开展批评与自我批评。注意培养学生的评价意识,对成绩、运动技术做出科学的评价,也对教师的教学做出公正的评价。为了充分发挥学生评价的主体性,教师可安排诊断会、交流会,让学生发表自己的各种评价,不断增强评价意识。总之,学生主体意识的觉醒,意味着学生主动参与自身发展,是他们主体性充分发展的开始。

(二)营造民主、和谐的课堂氛围

民主平等的人际关系,尤其是民主的师生关系,以及由这种关系营造出的生动活泼、愉快和谐的教学氛围,是学生主体性发展的基本条件和前提。

发扬教学民主是指在教学过程中,师生相互尊重、相互配合,创造一种自由宽松的民主气氛,利用融洽的师生关系与和谐的心理氛围促进教学活动的顺利进行。在教学过程中,教师要诚心诚意地把学生当成学习的主人,充分发挥学生的潜能,满足学生“我要学习”的需求,从而形成相互尊重与信任的支持型氛围。因此,营造民主、平等、宽松、和谐的教学氛围,不仅是一种提高教育质量的手段,还要成为一种教学目标去追求并努力实现。

1.构建新型师生关系,为促进学生主体性发展营造良好的人文环境

师生关系是指教师和学生在教育、教学活动中形成的相互关系,包括彼此所处的地位、作用和相互对待的态度。在体育教学中构建新型师生关系策略如下:

第一,师生之间应该相互尊重。在体育教学过程中,教师应把丰富的感情和爱心运用到整个教学过程中。教师对教材的处理要充满“爱”的渗透,要意识到自己的职责并不是把枯燥的知识传授给学生,而是做学生的

朋友，激励学生去思考，在交往中让学生获得生动的知识。高校学生虽尚未完全成熟，但他们都是有思想、有感情、有独立人格的个体，他们掌握的知识、技能较少，但在人格上与教师应是平等的，师生间理应相互尊重。教师尊重和关爱学生可使师生间建立信任关系，学生自然“亲其师，信其道”。

第二，在教学活动中师生共同的密切合作，形成一种相互理解的伙伴关系。教师只有充分认识每一个学生，了解每一个学生的特性，以一颗诚挚的心与学生进行交往，才能够得到学生加倍的爱戴，才能够使学生成为教学活动的积极参与者和主动合作的伙伴。教师还应该主动关心、鼓励和引导学生，提倡和发扬学术民主和学习民主，使学生在平等民主的氛围中得到“主体”的感觉，进入“主体”状态，真正成为学习的主人；有意识分配给学生自主思维、自主选择与自主创造的时间和空间，为他们的自主发展创造条件。

第三，建立双向互动的新型师生关系，为培养学生的创新能力提供平台。在体育教学过程中，师生交往、交流、共同发展，学生个体、学生群体和教师等几个方面形成学习的“共同体”；在师生互动中，教师实现对学生的引导、合作与促进，学生则获得启发、指导和实践；学生在实践中学会学习和创新，以提高自己的实践能力、创新精神。在这种交互作用中，师生之间能够形成多向、多级的沟通模式，建立平等的关系，充分发挥学生的主体性，使其积极主动地建构学习、建构自我。总之在处理师生关系上，应强调以调动学生的学习积极性，有利于学生的发展为准则，这样可以保证在教学过程中形成有利于学生发展的条件和环境。

2. 给予学生自由的空间和时间

在体育教学过程中，让学生有更多的自主权，有自由选择的权利。学生可以对有关问题充分发表自己的意见和见解，可以随时向教师提出问题。但在学生需要指导时，教师还要尽量提供多种方法让其自由选择；允许、肯定和赞扬创新精神，尊重学生的主体地位和主体意识，使学生成为名副其实的学习的主人。教师只提供参考意见，积极与学生一起学习，依据事实，客观评价学生的学习效果；充分了解学生，努力做到根据学生的不同情况，因人施教，在不影响整个班级教学的情况下，主动给个别学生以帮助、指导。

3.关注学生的运动情感体验

在体育教学的过程中，在控制和激发教师自身情感的同时，要培养学生自身的情感，要赋予适宜的力度与内容，就是在体育教学中给予学生心理和生理上的刺激要适当，练习的内容要多样、生动，教学手段与方法须得当，让学生在学习知识和进行练习的过程中，有明显的情感体验，以取得最佳的学习效果。能够获得愉快和成功的情感体验是培养学生体育学习兴趣和终身体育意识与习惯的关键，是学生自觉、主动、积极地进行体育学习的重要条件，是实现体育课程目标的有效保证。教师要力图根据学生心理活动的规律来组织教学，结合教材特点选用教学方法和教学模式，关注学生的运动情感体验，使学生在体育教学中能够得到愉快的心理满足。教师还要通过挖掘体育教材中的兴趣因素，使教学内容更加贴近学生的实际，教学方法更加活泼有趣，运用体育特有的特殊魅力激发学生的求知欲，通过趣味性的教学方法，激发学生自主参与体育学习的热情。

(三)在教学评价中体现主体性

体育教学的评价内容一般包括两个方面：一是学生所掌握的理论知识、技术、技能和身体素质等方面；二是学生在课堂上表现出来的态度、兴趣、动机、情感、意志等非智力因素方面。教师公正、准确、及时、灵活的评价，有利于学生正确认识自己和课堂内容，准确地给自己定位，进而激励自己不断进取，并获得这种不断进取的能力。教学评价的实施策略如下：

第一，采用过程性评价与结果性评价相结合的方法。结果性评价是体育教学过程中不可缺少的环节，但单纯的结果性评价对整个技术课教学过程的调控性与指导性效果相对不是很强，这就需要过程性评价作为补充，使过程性评价与结果性评价相辅相成。通过过程性评价，随时调控整个技术课教学过程，使教学效果向最佳态势发展。

第二，师评、自评、他评相结合。师生都要明确评价标准，并让学生按照师生共同讨论制定的评价标准自行评分，认真关注学习过程的每一步骤，对照标准进行评估，如果出现偏差就予以纠正和指导；用同样的方法进行他评，他评法是同班同学对某一学生的动作及表现的评价，他评法既可以使别的同学学会怎样评价，又可以从别人的动作中想象到自己的动作，从而对自己的动作也有一个正确的评价。

过程性评价与结果性评价相结合，师评、自评、他评相结合，从而构成一个完整的评价系统。

总之，基于学生主体的高校体育教学模式构建是大趋势。高校体育教师要积极探索高校体育教学模式，立足于学生主体地位，激发学生学习主动意识，使学生从被动接受知识向主动学习转变，真正实现学习的自我发展，使学生学会学习、爱上学习，使终身体育理念扎根于学生心灵。

第四节　高校体育教学欣赏型模式构建

欣赏型体育教学模式是一种关注人和谐发展的教学理念，是以身心体验为核心，促进学生素质全面发展，提高体育教学质量的教学观。它所关心的不仅是学生在学习过程中获得多少体育知识、掌握多少体育技能，更关注学生在体育学习中获得丰富的感性领悟、深刻的情感体验、对生命潜能的感受及创新意识等。

一、素质教育思想是教育学基础

素质教育思想是顺应我国全面开展现代化建设、提高整个民族素质的历史性任务而提出来的。它主要包括以下三个方面的内容：首先，素质教育把全面提高受教育者的综合素质作为教育的基本任务，以促进学生多方面素质得到整体提高、和谐发展为目的；其次，素质教育更加重视学生在教育过程中的主体地位，强调面向全体学生，使学生能创造性地学习、主动地发展；再次，素质教育把学生健康成长作为教育的重要价值指向，学生不仅要有知识和技能，而且还要有更好的身体素质、道德素质、审美素质、心理素质和人文素质。

二、体育的审美价值是美学基础

美的规律存在于各种“物种的尺度”之中，尤其是体现在人的“内在固有尺度”之中。人类为了健身而创造了体育，为了审美而使其艺术化，这是体育发展上的一个飞跃。体育的艺术化，不仅是某些运动项目演变为新的艺术形式，也标志着体育活动整体的艺术水平的提高。它的表现形式是丰富多彩的，具体体现在以下三个方面：

(一)塑造健康美

体育运动是人类从劳动实践中逐渐独立出来的一种人体活动，为了塑造人体自身的健康美，在活动的过程中，人们有意识、有目的地按照一定的比例、结构、手段等有效的形式，来塑造人的身体。因此，体育运动的本身，就是力与健、健与美、技与艺有机结合的艺术。健康美不仅针对人的身体而言，还能用来衡量人的动作姿态及各种运动项目所产生的积极效果。这种美是大学生健康成长的基础，是人类的共同愿望。当然，人的体型和遗传等因素有很大的关系，然而也是可以通过体育锻炼加以塑造和改变的。体育运动不仅把人体塑造得更矫健强壮，而且还把美的规律、美的尺度运用于其中。通过体育锻炼，塑造一种和谐发展的人体，是同雕塑家的艺术创造相似的一种艺术创造。

(二)运动项目自然美

美是在人类的物质实践活动中，历史地形成的人的本质力量的感性显现。美的形态和存在方式是千姿百态的。运动美是指人体在运动中形体变化表现出来的美，是人的本质力量的感性显现。如果人们在实践过程中，把自己掌握真与实现善的本质力量通过具体而又光辉的形象在对象中显示出来，这个过程及对象就会具有一定的审美价值。身体运动不仅是身体方面的活动，还包括心理要素和社会要素。运动带来各种情感变化，并表现出充实人们生活内容的文化价值，为审美活动提供了新的广阔领域。运动是一切生命的源泉。体育运动能充分展示富有朝气和生命活力的身体美。体育是充分发挥人体潜能的教育活动，它追求人的体能以最经济的方式发挥最大的功效，从而使人体在运动中获得最大限度的自由。体育运动的发展，同时意味着新的艺术现象出现，人类的运动美和人体形象特征在这种现象中被发掘出来。例如冰上芭蕾把溜冰、体操和舞蹈融于一体，具有强烈的可供观赏的表演性、艺术性，使它获得了存在和发展的重要条件。

(三)体育的精神美

人体的美和伟大只有和精神相连接时才是可能的，因为只有在精神的充分帮助下，肉体才能去忍耐、去超越。如果缺乏了内在精神，人体也许就和一台机器无异了。人是身心和谐统一的整体，身体运动的过程，也伴随着心理、意识发展的过程，人在掌握运动动作的同时，也会塑造自己的心灵。绝大多数人在运动之后都不会感觉自己是在浪费时间，因为他能感觉到运动给他带来的是一种精神上的满足、是一种美的享受、是一种心灵的净化。这种精神满足、美的享受，证明了体育运动中蕴藏着精神美学的成分。

三、人的审美需要是心理学基础

对美的追求是人的本性所在。人对美的追求是以其内在审美需要为动因和根据的，现实世界中人有各种需要，人们的需要即人们的本性。美国著名人本主义心理学家马斯洛将人的需要按水平由低到高，分成七个不同层次：生理需要、安全需要、爱与归属需要、尊重需要、认知需要、审美需要、自我实现需要。当人处在较高的需要层次上时，他能发挥出更大的生命能量，更少自私、更有活力。显然，马斯洛是将美的需要引入了高级需要之列，甚至是摆在认知需要之上的审美需要，最接近最高级需要和最易导致向更高级心理需要发展。人是自然物质世界的最高存在者，在人身上蕴含了物质世界的所有运动方式，但只有人的有目的的活动方式才能够体现人的独特生存特征，这种“有目的的活动”就是人的主体需求。人的有目的的活动主要体现出三种自我存在状态，即本能活动、功利性活动、超功利性活动。本能活动是人的自然性目的活动，表现为人的自在自发的自然存在状态，它是人进行有目的的自我创造的基础和前提；生产劳动是人的功利性目的活动，表现为人的自觉自为的社会存在状态，是一种自觉的以满足自身物质生理需要的、追求活动结果的外在目的活动；审美是人的超功利性目的活动，表现为人的自觉自由的文化精神存在状态，这是一种在活动过程中追求内心体验的内在目的的活动，是人的最高或终极目的的活动。这正好印证了马斯洛的需求理论。随着现代化科学技术或社会的发展，人们功利性物质需求得到了越来越大的满足，以追求精神自由或自我体验的超功利性的审美活动在人们生活中占有越来越重要的地位。所以说人的审美需求理论为欣赏型体育教学模式的研究提供了美学基础，它的特殊作用是可想而知的。

四、欣赏型体育教学模式的建构原则

(一)体验性原则

由于欣赏型体育教学首先依赖一种特殊的教学方式——审美体验。因而体验性原则对于欣赏型体育教学来说，具有特殊的重要性。一般来说，知识教育所运用的是理性的逻辑推理，技能教育所凭借的是动作的训练，审美教育所依赖的是审美体验。体育教学中的审美体验可以使学生充分调动自己的感知、想象、情感、理解等各种心理功能，观察、感受、评价审美对象，从而形成陶冶心灵、情感的过程。它使学生对审美对象全身心地投入，全身心地感悟，从而达到主客体的真正沟通和交融。体育教学过程主要是利用学生的参与体验完成的。因此，只有通过审美体验，学生才能与审美对象建立起严格意义上的审美关系，客体也才会成为真正意义上的审美客体。

(二)交流性原则

教学过程既是师生间的认知过程，又是师生间的情感接触和交流过程。师生之间的交往，不论是正式交往还是非正式交往，情感交流是其交汇点。情感交流作为师生间的一种纽带，是教育的灵魂。但传统教学模式的建构偏重理性，忽略情感交流，因而使教师与学生之间、学生与教材之间、学生与学生之间产生距离与隔膜，这种距离使学生难以形成热烈的情绪，难以主动地投入教学过程中。

(三)创造性原则

欣赏是对意象的情感体验，也就是说，主体在对审美客体感知观照的基础上发挥想象，引发对意象的审美感受和体验，达到情感的愉悦，从而产生对审美客体再造或重构的欲望。无论是艺术美的欣赏还是自然美的欣赏，如果不能创造性地发现客体所蕴含的美感价值，就无法获得那种陶醉感，那再“美”的东西也毫无意义。也就是说，审美客体内化为审美经验并不是一成不变的，审美意象的产生本身就是一种创造过程。

(四)个性化原则

个性化教学原则在此有两层意思：一是要尊重学生的个性特征；二是要设计个性化的审美活动。尊重学生的个性特征，根据学生的需要、兴趣及审美发展水平等设计教学过程，这也是因材施教基本教育原则的要求。个性化审美活动的设计包括确定教学目标、安排教学内容、评价教学效果等方面。要制定相应的多样化的标准，否则就无法满足不同水平、不同层次、不同类型学生审美学习的需要，也无法达到审美化教学的效果。

五、欣赏型体育教学模式的建构程序

学校体育作为促进个体生命健康成长的教育，它的目的、功能和价值均实现于体育过程中。欣赏型体育教学模式的实现不仅取决于审美对象——教学活动的展现形态，更取决于审美主体——师生是否具有审美趋向性，能否够发起审美活动。学生(审美主体)在这一过程中又处于一种特殊的状态，他们的审美能力更多地需要通过教学来培养，他们在学习过程中进入审美状态是需要通过教师给予积极引导的，从而唤起学生的情感投入，引导他们进行审美体验，更有效地促进学生审美能力的发展。

(一)创境——生命体验和审美感知的基础

教学过程必须精心构思、完美组织、巧妙安排，才会富有生命活力，才会激起学生学习的欲望。现代情境学习理论认为:学生的学习实质是借助学习情境,实现学习者对知识的主动建构。教学活动中情境的创设是非常重要的,学生在审美情境中很容易受到情境氛围的感染,而产生审美体验;同时还能够起到一种渲染、唤起、激发的作用,使审美主体在心理上产生共鸣,从而吸引着审美主体去追求、去创造,引发学生美好的想象,有身临其境之感,使学生在美的情趣中持续地激发学习动机。在体验审美过程中学习体育知识、掌握健身的技能,在参与创造过程中拓宽体育情趣,直至达到"设境悟情",产生求知的欲望。要创设合理的教学情境必须了解学生、研究学生,把课前准备的着眼点始终放在学生身上,根据学生的身心特征、生活经验、思维方式和已达到的体育知识、技能水平对体育教学过程进行精心的审美设计。

(二)入境——引起学习兴趣,激发审美感知

入境即教学过程的审美导入,引导学生进入预设的教学情境中。美的价值就在于可以愉悦身心、陶冶性情,给人以清新、向上、愉悦的感受,在一定程度上满足人的精神需要。这种优美的教学情境能使学生产生愉悦感、新鲜感和好奇心,学生情绪亢奋、求知欲强烈、精力专注、思维活跃。学生具有轻松愉快、积极向上的良好心态,能自然进入学习状态。课堂的导入手段和方法很多,如实物、图片、卡片、录音、录像、音乐、游戏、直观形象的语言均可作为导入手段,要根据学生的身心特征、生活经验、感知思维方式和已达到的体育知识、技能水平,采用开门见山、承前启后、生活化情境、热点问题、精彩比赛欣赏等方法把学生引进预设的学习情境中,从而唤起学生的审美情感、激发学生的学习兴趣。

(三)体验——呈现生命课堂,焕发生命的活力

体验是生命存在的一种方式,体验不是一种外在的、形式性的东西,它是指一种内在的、独有的、发自内心的,和生命、生存相联系着的行为,是对生命、对人生、对生活的感悟。美的教学是使人能够获得美的享受过程,是给人以美感的教学,是审美化的教学。师生之所以能够对教学产生美感,是因为他们在教学活动过程中进入了审美状态。这种审美状态即

审美体验的状态，也就是说，教师和学生在教学活动中体验知识的学习带给他们美感，体验教学活动带给他们美的享受，他们全身心投入活动中，感受着教学活动的勃勃生机和生命韵律，体验着知识所蕴含的生命情态。他们在审美的体验中，不仅学到知识而且还能陶冶性情、培养精神、提升生命品质。

(四)感悟——获得审美享受，领悟到生命的真谛

知识不能是由自认为有知识的人普及到或灌输到自认为没有知识的人的，知识是通过人与宇宙的关系，通过充满变化的关系建立起来的，在这种关系中批判地解决问题，又继续促使知识发展。这里的“关系”就是“体验”。体验的过程不是以思维为主要特征的认识过程，也不是物质性的实践过程，而是表现和升华情感、激发个体的生命活力、发展创造性、开启心智、陶冶审美情趣的过程，是人本质力量的表现、是审美的最高境界、是生命的感悟。感悟不是对认知的全部否定和排斥，而是对认知的升华。当主体的单一认知功能转换为全部身心特性参与的审美状态时，认知就达到了极致。认知的极致就是对象和自我合一的审美，是一种超主体性的境界。感悟是知、情、意融于一体的人的生命活动，作为一个完整生命体的直观与感悟，是审美主体对审美对象所包含的深层意味的心领神会。但是，在欣赏型体育教学过程中又不能没有认知，认知是让审美主体知道客体“是什么”。所以，审美活动只有从认知上升到感悟，通过审美主体的审美体验，“是什么”才真正对审美主体产生生命意义上的价值。如果过分强调学习中的认知方面，将会带来教与学中机械式的训练。因为认知强调的是知道“是什么”，而“是什么”是可以重复和持续再现的。虽然说运动技术的学习需要反复的训练，但体育学习的核心不是训练，而是通过训练掌握体育知识和健身的方法、享受运动的乐趣、感悟体育的生命意义。这实际上就是一种创造过程，即融入了审美主体自身情感的创造过程，从而使创新潜能得到释放，精神生命得到升华。

第五章 高校体育运动教学与训练实践探究

第一节 篮球运动教学与训练实践探究

一、篮球运动的常规教学与训练

篮球运动是我国青少年最喜爱的一项体育活动，它是由跳、跑、投等基本动作所组成的一项集体的、直接对抗性的竞赛活动，在活动中要求密切配合、灵活机动。篮球运动可以提高学生的身体素质水平。

(一)篮球技术的常规教学与训练

1. 移动

移动是对篮球比赛中队员的位置、方向、速度、高度变化时所采用的各种脚步动作方法的统称，是篮球比赛中一项主要技术动作。移动技术是各项技术的基础，是实现篮球战术配合的重要因素。

(1)教学与训练方法

第一，体会移动动作要领。学生按体操队形进行基本站立姿势及各种移动练习，可边讲边练、讲练结合。

第二，按口令练习移动动作。学生按体操队形听教师口令或看教师进行各种移动练习。

第三，结合实践练习。两人一组，一攻一守，结合实践练习各种动作，进一步巩固动作。

第四，在篮球场内练习。学生根据篮球场上的线圈和固定目标进行各种移动练习。

第五，利用障碍物练习。学生利用各种障碍物进行移动练习，练习时认真观察，合理运用。

第六，抛接球练习。各组成纵队站立，站排头持球向前方 4～5 米外的上空抛起后，快速起动，接球急停转身，将球传回本组，依次进行。

(2)易犯错误及纠正方法

易犯错误 1:两脚分开的距离近，重心高，上体前倾过大。

纠正方法:教师在练习中多提醒动作要领和关键，或者重复讲解动作要领，并以正确的示范动作指导学生的练习。

易犯错误 2:开始移动时蹬地无力，腰腹灵活性差，动作速度跟不上。

纠正方法:重点讲解示范蹬地动作及上体的配合动作，并在慢速练习中体会。

易犯错误 3:移动中手脚配合不协调。

纠正方法:在慢速练习中，练习手脚配合动作，逐渐提高要求。

易犯错误 4:不会合理地运用前脚掌蹬地，灵活性差，动作速度慢。

纠正方法:在慢速练习中体会前脚掌蹬地和脚触地动作的方法。

易犯错误 5:急停触地时，不是以脚跟着地滚动到前脚掌，而是前脚掌触地，容易前倾，急停不稳。

纠正方法:先练跨步急停，再练跳步急停，并注意由慢速到快速，逐渐提高要求。

2. 运球

运球是摆脱对手、发动战术配合时所经常采用的一种基本技术。运球方法有高运球、低运球、运球急停急起、体前变向换手运球、体前变向不换手运球、背后运球、胯下运球、运球转身等。

手对于球的控制能力，即控制好球的反弹高度、速度与角度，脚步移动的熟练程度。

(1)教学方法

第一，原地垂直的高低及各种变向运球、体后运球的动作要领。

第二，对墙运球的练习，提高腕、指的控球能力。

第三，体前单手做推提运球的动作要领。

第四，行进间的运球练习。

第五，全场绕圆弧形运球。它要求左右手交替，绕圆时用外侧运球。

第六，在对抗条件下做攻守运球、防守运球的练习，单手背后。

(2)易犯错误及纠正方法

易犯错误1：运球时身体不协调，手与球的接触部位不正确。

纠正方法：讲解、示范运球技术动作要领，在慢速练习中体会已正确的动作。

易犯错误2：低头运球，控制球的能力差。

纠正方法：在运球中可采用喊出教师手指的数目或注视目标的方法，帮助改正低头运球的错误。

易犯错误3：运球时不会合理地用身体保护球，球容易被对方球员打掉。

纠正方法：讲解、示范运球时的身体动作及手臂的协调配合方法，并说明保护球的重要性，先在慢速练习中体会正确的动作。

易犯错误4：在运球变向、变速和运球转身时动作过大，形成明显的翻腕动作，造成二次运球违例。

纠正方法：重复讲解变向、变速、运球转身时手触球的部位和身体的动作方法，先在慢速练习中体会动作，逐渐加快速度，提高水平。

3.传接球

传接球是篮球比赛中队员之间有目的地转移球的方法，是组成进攻的纽带。接球是与传球紧密联系在一起的技术，接球的目的是获得球，以便投篮、突破、传球或运球。

(1)教学方法

第一，各种原地双手或单手传接球。

第二，移动中双手或单手传接球。

第三，行进间(先做慢速再做快速)双手或单手传接球。

第四，综合传接球。

(2)易犯错误及纠正方法

易犯错误1：接球手型不正确，无缓冲动作。

纠正方法：指出正确的手型，加大迎球距离，要求臂部、肘关节放松，接球时顺势后引，在慢速练习中体会正确的动作。

易犯错误2：持球手型不正确，掌心触球，传出的球无力量。

纠正方法：进一步讲解、示范正确的持球手型，可采用每人持一球的互推练习，帮助体会正确的持球和出手用力的方法。

易犯错误3：持球或传球时肘关节外张。

纠正方法：注意手腕不要紧张，肘关节不要下垂，还可做模仿练习，帮助体会正确的动作。

易犯错误4：传球时动作不协调，双手传球时用力不一致或两手交叉，传出的球侧旋；单手传球时好似推铅球或甩球。

纠正方法：可在慢速练习中体会正确的动作。注意出手后的手臂动作，要求学生注意落点，讲明落点不准主要是传球技术的错误，引起学生重视并认真练习。

易犯错误5：行进间传接球时手脚配合不协调，有的腾空较高，有的侧身跑动，影响速度和效果。

纠正方法：进一步讲解、示范行进间传接球和手脚配合的方法，可先在慢速练习中体会正确的动作，逐渐提高速度。

4. 投篮

投篮是队员在进攻中得分的一种方法，是篮球运动中最重要的技术。任何进攻战术的目的都是创造有利的投篮机会。但是，即使战术配合得很熟练，投篮时机很好，若投篮不中，则前功尽弃，在投篮教学中应特别注意强调“准”。投篮“准”的基础是正确的手法和协调性。另外，还应注意瞄篮点、球飞行的抛物线、球的旋转规律；在比赛中还要具备坚强的信心、高度集中的思想和良好的体力，并掌握投篮时机。在教学中，应当以要求学生掌握正确的投篮手法为重点，坚持认真刻苦练习，这样才能提高投篮水平。投篮方法有原地投篮（双手胸前投篮、双手头上投篮、单手肩上上篮、单手低手上篮、双手低手投篮、反手投篮、勾手投篮）、原地跳起投篮

(单手肩上投篮、双手头上投篮、双手补篮、单手补篮)和扣篮等。

(1)教学步骤

第一,初学阶段,学习并初步掌握正确的投篮动作,体会投篮技术的关键和要领。特别要掌握投篮手法,逐渐做到动作连贯、用力协调,并掌握瞄篮点、球的飞行抛物线和球的旋转规律;注意认真改正错误动作。可组织徒手模仿投篮练习、对墙投篮练习和原地投篮练习等。

第二,在初步掌握投篮的正确技术后,要不断巩固、反复强化,及时改正错误动作,形成正确的动力定型,为实战运用打下坚实的基础。可组织多种形式和各种条件下的练习,注意练习次数和时间,强调质量。

第三,提高投篮与脚步动作、传接球、运球、突破等技术的衔接能力和控制身体平衡的能力,为实战运用奠定基础。可进行传球投篮、运球投篮、运球转身投篮等练习,并可采用传切、突分、掩护、接应或综合配合投篮练习等方法。

第四,采用对抗性的投篮练习,使练习更加接近比赛。可进行竞赛性的练习及在防守条件下的投篮练习,以提高学生的兴奋度和技术运用的应变能力。根据教学大纲的安排,在不同的阶段运用不同的教学方法,采用不同的练习形式,认真完成教学任务。

(2)教学方法

第一,原地双手或单手近距离投篮。

第二,行进间(先慢速后快速)双手或单手投篮。

第三,跳起双手或单手投篮。

第四,补篮或扣篮。

(3)易犯错误及纠正方法

易犯错误1:持球时掌心触球,投篮动作不协调。

纠正方法:教师应注意强调持球时手触球的部位要正确,并可采用对墙投篮练习,以帮助体会正确的动作。

易犯错误2:肘关节外展,致使投篮时用不上力量,投篮出手时手腕、手指僵硬，投出的球不是向后旋转，而是有些横转动。

纠正方法：面对墙站立，反复做瞄篮与收回的动作或出手的动作（自接）。每做一次都要注意观察肘关节、手腕、手指的动作和球的旋转方向是否正确。

易犯错误3：投篮时出手角度太小，手臂只向前推，而没有做向前上方伸出的动作，导致球的飞行抛物线过低，不易投中。

纠正方法：在投篮者前面站一人（或放挡板），双手高高举起，这样不仅可以帮助投篮者提高投篮的抛物线，而且能帮助其改进投篮或跳投时身体前倾的错误。

易犯错误4：投篮出手时，过早地运用手臂、手腕、手指的力量，球刚出手，手臂就急速收回，没有建立起“伸臂护送球入篮”的感觉。

纠正方法：在练习中强调手臂向前上方伸展到将要伸直的一刹那间才运用手腕、手指的力量。出手后观察自己的手臂动作，并要求随投篮方向在空中稍停，护送球入网。

易犯错误5：行进间投篮步法乱、跳起时动作不协调等。

纠正方法：可在走动中或慢速跑动中，以正确的步法去拿教师手举的球练习投篮，逐渐加快跑动的速度，去接教师传给的球进行投篮练习。

易犯错误6：行进间投篮起跳时，身体前冲过大，无法保持身体平衡，使投球出手时用力过大。

纠正方法：练习中，强调第一步大、第二步稍小一些，从用脚跟落地过渡到全脚掌着地，摆动腿上摆的同时，向前上方举球抬肘，主要用手腕、手指的力量，柔和地将球投出。可采用徒手练习体会起跳及出手手法的正确动作。

5. 持球突破

持球突破是持球队员运用脚步动作和运球技术相结合、快速超越对手的技术，它是一项攻击性很强的个人进攻技术。持球突破方法有原地持球突破（交叉步突破、同侧步突破、后转身突破）和跳步急停突破（正对篮的突破、前或后转身突破）等。

(1)教学方法

第一,要注意培养学生勇猛顽强的战斗作风,要求各种持球突破时机合理,动作做得既迅速,又果断勇猛、扎实有力。

第二,培养学生在原地或快速移动中接球后,两脚都能做轴心脚,并能及时快速地向不同方向突破。

第三,持球突破的教学要与投篮、传接球等技术结合,并要求衔接紧密、动作协调、运用自如。

第四,教学中要狠抓观察、蹬跨、转体探肩、放球、加速等环节的规格和协调动作的练习与提高,同时注意贯彻规则。

(2)教学步骤

第一,原地交叉步或同侧步突破。

第二,跳步急停突破。

第三,前(后)转身突破。

第四,结合其他技术的突破。

(3)易犯错误及纠正方法

易犯错误1:持球突破时机和假动作的运用不合理。

纠正方法:讲解持球突破时如何运用假动作,如何选择时机。可在慢速中进行练习体会,并对假动作的运用提出要求。

易犯错误2:持球突破时的蹬跨,转体探肩,放球,加速不连贯、不协调。

纠正方法:教师进行示范时,指出几个环节结合的重要性,并站在练习的位置,以较慢的速度示范,促使学生建立正确的动力定型。

易犯错误3:持球突破时轴心脚移动,或运球时球在手中有明显的停留,造成违例。

纠正方法:讲解、示范如何确定轴心脚,并合理地选择练习方法和手段,提高持球突破时的脚步动作和运球技术,同时注意贯彻规则。

易犯错误4:持球突破时身体重心高,不注意保护球,造成失误。

纠正方法:教师站在突破的位置上,两臂侧平举,让学生从臂下运球突破，帮助降低重心，提高保护球的能力。

6. 个人防守技术

（1）防守有球队员

进攻队员有球时，将以投篮、突破或传球来威胁防守队员。对有球队员的防守，必须尽可能地阻挠他和影响其各种进攻技术的运用与发挥。

（2）防守无球队员

进攻队员无球时的进攻任务主要是摆脱防守，空切到篮下或在有利的位置去接球、投篮。防守无球队员必须合理地、积极地选择有利的位置，尽力防堵无球队员的摆脱空切，并随时注意断获传向他的球，始终保持防守的合理性、积极性、攻击性。

7. 抢球、打球、断球

抢球、打球、断球是个人防守技术中攻击性较强的技术，既是积极防守思想在防守过程中的体现，又是积极防守战术的重要环节。抢球方法有拉抢、转抢，打球方法有打持球队员手中的球、打运球队员手中的球、打上篮队员手中的球、盖帽，断球方法有横断球、纵断球、封断球等。

8. 抢篮板球技术

抢篮板球技术是投篮不中时，双方争抢控制球权的技术。它是篮球运动中的主要技术之一，在比赛中是攻守矛盾转换的关键。

进攻时有效地控制篮板球，不仅可以增加进攻次数和投篮得分的机会，而且可以增强同队队员投篮的信心，减少对方发动快攻的机会。

防守时有效地控制篮板球，不仅可以中断对方的连续进攻，造成进攻队员投篮的顾虑，而且能为本队快攻创造有利条件。

（二）战术基础配合

战术基础配合是两三人之间通过良好的协同动作而组成的简单配合，有进攻和防守之分，是组成全队攻守战术的基础。

1. 进攻战术基础配合

进攻战术基础配合包括传切配合、突分配合、掩护配合、策应配合等，是组成全队进攻战术的基础，它对配合位置、移动路线、配合时间和技术动作的要求是很严格的。

根据进攻战术基础配合的方法与特征，培养学生的集体主义精神和密切协作、默契配合的能力与技巧。

2.防守战术基础配合

防守战术基础配合包括“关门”配合、夹击配合、补防配合、挤过配合、穿过配合、绕过配合、交换防守配合等，是组成全队防守战术的基础。在实际配合中，只有严肃认真、积极顽强地掌握配合时机、配合路线和配合位置，并熟练地运用技术，配合才能成功。

根据防守战术基础配合的方法与特征，对学生进行积极防守思想的教育，培养他们严肃认真、积极顽强的战斗作风及密切协作的集体主义精神，提高他们的协防配合能力与技巧。

二、运动教育模式在篮球教学中的实践应用

当今，在校园内篮球受到广大学生的喜爱，但是由于他们缺乏比赛意识，大大降低了篮球比赛的质量，长期下去就会造成不良的影响，因此，必须培养学生的比赛意识、激发学生的练习篮球技术的兴趣。我国应将运动教育模式与我国篮球教学的实际情况相结合，促进我国体育教育事业的发展。

（一）运动教育模式应用于篮球教学的教学目标

运动教育模式应用于篮球教学的教学目标是使参与篮球学习的学生成为有能力的、有运动素养的和热情的运动参与者，使参与篮球学习的学生掌握专项运动技能，发展篮球运动技能与体能；了解并掌握一定的篮球运动战术，具有评价和运用战术的能力，有能力选择参与适合自身水平的篮球运动；具有团队精神，在团队中成为有责任感的领导，发展决策能力和解决问题的能力，了解篮球裁判知识，具备一定的篮球裁判技能；形成自觉参与篮球运动的意识。

（二）运动教育模式应用于篮球教学的教育理论

运动教育模式一般根据运动教育理论来讲，体育教师需要在篮球教

学工作之前做好各项准备，在授课的过程中介绍篮球的各种教学模式，让学生在学习过程中了解和掌握篮球学习的主要内容、主要日的、主要手段和方式方法及篮球课堂中的一些基本课堂规则，并在授课过程中组织形成比较固定的学习小组，每一个学习小组的学生都要扮演教练的角色，组织组员设计教学计划；以小组的形式学习篮球技战术，并在篮球教学中模拟积分制的正式比赛，着重体验运动的过程，而不是单一地去看结果。

1. 赛季

运动教育模式使用的篮球赛季与传统上的单元不一样。篮球赛季的单元是超大单元，一般情况下一个赛季至少要 20 节课。某学者认为，运动季通常包括练习期、季前赛期、正式比赛期和有最终比赛的季后赛期。

2. 同学关系

学生可以在整个赛季内自由的组成小组，也可以在教师的指导下进行分组，整个篮球赛季要以小组的形式进行学习，整个赛季中的学生在一起决策比赛事项，共同完成赛季内的目标、体验失败与成功、创建小组的荣誉，发展小组的特色。

3. 正式比赛

正式比赛是教学中的重要环节。每组在教师的指导下设计多次的比赛，每个队根据比赛的计划对本队制订相应的短期和长期计划。

4. 最终比赛

比赛可以是团体赛也可以是个人赛，在学生中选出最终的裁判员进行现场的执法。最终比赛要求每个学生都要参加，即使是作为观众也要参加，为选手加油助威。

5. 成绩记录

篮球比赛都需要进行成绩记录，学生在记录成绩的过程中进行学习，激发学习的兴趣，通过成绩也可以了解到自身的优缺点。学生通过分析成绩可以提高学生应对战术的水平。

6. 庆祝活动

庆祝活动是整个赛季的最后活动，是整个运动教育模式的升华，赛后学生通过布置场地、设计颁奖活动等来营造欢乐的气氛，促使学生喜爱篮球运动，为整个赛季画上圆满的句号。

(三)运动教育模式应用于篮球教学的必要性

篮球运动能够吸引广大学生的喜爱的原因在于篮球通过团队的合作赢得比赛，学生在篮球比赛中可以合理使用自己所学的知识。以前传统的教学模式只重视学生篮球技能的掌握，忽略了学生的全面发展。在运动教育模式教学中，可以培养学生团结合作的精神，培养团队意识，使学生为了共同的目标努力奋斗。在运动教育模式教学中不仅要求学生能够掌握篮球动作技能，还要求学生能够掌握攻守战术，使其能够在真正的比赛中合理地运用所学知识，使篮球教学更有意义。

1.运动教育模式使学生更加地了解篮球运动

运动教育模式在篮球教学中的应用改变了学生对体育课的认识，在运动教育课堂中要求学生扮演篮球比赛中的各个角色，扮演的角色要求学生能够充分地了解篮球运动。不仅要了解篮球的历史，还要了解篮球比赛的规则和裁判评分标准。了解篮球的历史可以使学生深刻地认识篮球，了解篮球的文化，在学习篮球的时候能够有较高的篮球素养；在运动教育模式下，要求学生进行角色扮演，学生不仅以球员的身份存在，还有可能担任队长、宣传员、裁判员、记录员及啦啦队队员。这就需要学生了解篮球的相关规则，学生在了解篮球规则的同时更加熟悉了篮球的运动技能。而传统的教学模式只重视学生运动技术的掌握，忽略了对篮球规则的教学。学生通过扮演的角色，使他们更加有责任感，更能正确地认识篮球，更能体会比赛的重要性，更能了解篮球的规则。

2.运动教育模式提升了学生的篮球专业技能

该运动模式使学生在整个学期都要以小组的形式进行学习，为学生的学习提供一个良好的学习氛围，有利于学生更好地掌握篮球专业技能。在传统的教学模式中，虽然重视运动技能的教学，但是忽略了其他知识的教学，而且综合水平的高低也决定了运动技能的掌握情况。该运动模式的主要目标就是通过教授篮球相关知识来督促学生更好地掌握篮球运动技能。运动教育模式通过赛季让学生进行篮球学习，每个学期都要进行一次比赛，比赛会使学生学到战术和应对战术的方法，战术的合理运用能够让学生更好地掌握篮球运动技能。学生通过感受篮球比赛现场的气氛，更加喜欢篮球，更加勇于探索在篮球运动里自己所未知的领域，使自己变得会学、爱学，极大地提高了自己篮球水平。

3. 运动教育模式对学生的心理产生了积极的影响

运动教育模式改变了传统教育模式如同"模具"一样的教育方式，实现了由"复制模型"到尊重个体发展的转变；它真正做到了以人为本、因材施教，极大地发展了学生的心理素质，使其变得更加独立、自信、乐观，勇于挑战，从而发展了学生的个性、提高了学生的耐挫能力、提高了学生的适应能力和学习能力。

(四)运动教育模式在篮球教学中的实践应用

1. 运动教育模式在篮球教学中的应用

在篮球教学中实施运动教育模式，在整个赛季开始之前，要先将学生分成不同的小组，在整个学期中都要以这个小组进行学习，这也体现了篮球这一运动的集体性。在整个学期中每个学生的表现都有利于整个小组的发展。分好小组后，每个小组都要选出队长，然后队长根据每个学生的表现进行角色的分配，分配的角色包括队长、宣传员、裁判员、记录员和啦啦队。角色分配好后就要进行正式的比赛，正式比赛中的裁判员是非常重要的，比赛中的比赛规则、裁判的手势、比赛的得分方法都是裁判员的工作，在比赛前还要对学生进行与裁判员相关的教学。教师可以在篮球教学中穿插2～3节课进行篮球相关知识的介绍。最终比赛是正规的篮球比赛，在正式比赛中学生自己记录成绩，自己作为啦啦队为自己队加油喝彩，使学生能够真正地感受到篮球比赛的气氛。在比赛中学生自己记录成绩的同时发现自己队伍的不足和以后应对比赛的策略。

2. 篮球教学中实施运动教育模式应注意的事项

(1)教学前准备工作

运动教育模式是一种新的教育模式。在实施运动教育模式前，教师应该充分地了解该教育模式，教师只有充分地掌握运动教育模式的相关知识才能在课堂上合理地运用该模式去授课。对于学生来说，可能有的学生从来没有听说过运动教育模式，也可能不习惯该教育模式的教学方法。所以在运用运动教育模式之前，教师应该对运动教育模式进行简单讲解，使学生充分了解该教育模式的教学方法，并让学生能够习惯和适应小组学习，使其形成团队意识。

(2)合理的分组

运动教育模式主要就是把学生分成小组进行篮球比赛，分组是实施"运动教育模式"的基础。在运动教育模式下教师应当注意分组的方法方式，可以使用等级量表分组。

(3)正式比赛前充分考虑学生各个方面的水平

比赛前要考虑学生各个方面的水平，让学生充分了解比赛的规则，使其能够在比赛中充分地发挥自身实力，防止出现投机取巧的现象，控制好比赛现场的秩序，使比赛能够正常地进行。与此同时，教师也应当考虑每个学生的心理状态，鼓励他们积极参加比赛。

(4)在教学中插入篮球的项目规则、文化等知识

运动教育模式的目的主要就是调动学生学习篮球的兴趣，这主要是看学生能否欣赏这项运动，感受这项运动的魅力。学生要想欣赏篮球，必须去了解篮球的发展历史、文化、规则和礼仪。在运动教育模式中有对篮球运动相关知识的讲解，教师在实施运动教育模式时，也要把篮球理论知识的教学看作重点去教授。

第二节　游泳运动教学与训练实践探究

一、游泳运动的常规教学与训练

教学内容有熟悉水性，学习蛙泳的基本技术和教学方法。在游泳教

学指导中，提出游戏教学的一般原则和要求。

（一）熟悉水性

1.熟悉水性的含义

要想学会游泳就要先熟悉水的环境和特性，就要熟悉和适应不同于空气的水的压力、阻力、浮力，以及水中游泳的姿势和运动特征，消除怕水心理，培养对水的兴趣，并掌握一些最基本的，如呼吸、滑行等方法，为进一步学习游泳技术打下基础。熟悉水性是游泳教学的首要环节。

2.熟悉水性的方法

（1）水中行走练习

这是熟悉水性的第一个练习，目的是体会水的阻力和浮力，初步掌握身体在水中保持平衡的方法，消除怕水心理。具体练习如下：

第一，手扶池壁向前、向两侧慢步行走。

第二，离开池壁用手维持平衡向前、向后、向两侧慢步行走。

第三，全组手拉手（或搭肩）向前或圆圈行走。

第四，在水中向各方向跑动和跳跃。

第五，在水中做走跑追逐游戏。

（2）呼吸练习

游泳时的呼吸与陆上习惯的呼吸方法不同。游泳是用口吸气，然后在水中用鼻口慢慢呼气。这一练习是使初学游泳者掌握呼吸方法，锻炼把头浸入水中的勇气，进一步消除怕水心理。具体练习如下：

第一，手扶池槽或在同伴帮助下用口吸气后闭气，然后下蹲把头全部浸入水中，停留片刻后起立，在水面换气，口鼻出水后先呼后吸。

第二，同第一步练习，要求把头浸入水中停留片刻后，在水中用鼻慢慢呼气直至呼完，然后起立，在水面上用口快速吸气。

第三，同第二步练习，要求吸气后把头浸入水中，稍闭气后用口鼻同时呼气，在接近水面时用力把气呼完并立即用口在水面上吸气，吸气结束后再把头浸入水中，连续有节奏地做吸、闭、呼动作。吸气要快而深，呼气时要慢，最后用力将气呼尽。

第四，两脚开立，按上述练习要求连续做呼吸动作15～20次，稍作休息后重复练习。

(3)浮体与站立练习

该练习的目的是体会水的浮力，初步学会控制身体在水中平衡的能力和水中站立的方法，树立学会游泳的信心。具体练习如下：

第一，抱膝漂浮练习。原地站立，深吸气后下蹲低头抱膝，膝部尽量靠近胸部，前脚掌蹬离池底成低头团身抱膝姿势，自然漂浮于水面。

第二，展体漂浮练习。两脚开立，两臂放松向前伸出，深吸气后身体前倾，两脚轻轻蹬离池底成俯卧姿势漂浮水面；两臂两腿自然伸直。站立时，收腹、收腿，两臂向下压水并抬头，两腿向下伸，脚触池底站立。

(4)滑行练习

滑行是各种泳式的基础，是整个熟悉水性练习的重点，目的是进一步体会水的浮力，掌握水中的平浮和身体滑行姿势。具体练习如下：

第一，蹬池底滑行练习。两脚前后开立，两臂前伸，两手并拢；深吸气后屈膝，当头和肩浸入水中时，前脚掌用力蹬池底，随后两脚并拢，使身体呈流线型向前滑行。

第二，蹬边滑行练习。背向池壁，一手拉水槽，一臂前伸，同时一脚站立，一脚贴池壁；深吸气，低头，上体在水中前倾成俯卧姿势，然后支撑脚向上收起，两脚掌贴住池壁，臀部尽量靠近池壁，随即拉水槽的一臂向前伸出与前臂并拢。头夹在两臂之间，此时头与臀是一条直线，然后两脚用力蹬池壁，使身体呈流线型向前滑行。

第三，仰卧滑行。面对池壁两手扶水槽，两脚蹬池壁，两臂置体旁，下颌贴近胸骨，蹬腿向前滑行。

第四，滑行打水。滑行后两脚上下轻轻打水，体会水的推动力。

3.教学方法

第一，呼吸练习中的浸水和闭气是学习游泳的基础，也是消除怕水心理的重要手段，要鼓励学生大胆地把头浸入水中。

第二，闭气练习是浮体和滑行的必要条件，要注意引导学生逐渐延长闭气时间。

第三，滑行练习时，可 2～3 人一组互相保护和帮助，做扶、拉、接、推的练习，增加滑行距离。

第四，用游戏和比赛的方法延长闭气时间，增加滑行距离，提高学习兴趣。

4. 易犯错误及纠正方法

第一，易犯错误：吸气呛水。

纠正方法：通过讲解示范，使学生明确用口吸气的道理和方法；反复练习用口吸鼻呼的方法。

第二，易犯错误：浮体练习时浮不起。

纠正方法：深吸气，尽量屈身团身抱膝。

第三，易犯错误：浮体或滑行后站不起。

纠正方法：讲解示范，明确要领；反复练习两臂压水的同时双脚着池底站立。

第四，易犯错误：滑行不适。

纠正方法：滑行前先做好两臂伸直头夹在中间的俯卧姿势，支撑脚和腿收起时尽量屈膝收腹，臂部靠近池壁，蹬壁要快速有力，蹬离池壁后身体伸直成流线型。

(二)蛙泳

蛙泳是模仿青蛙游泳动作的一种姿势。蛙泳时，头露出水面或浸在水里，抬头就可吸气，呼吸方便、省力持久，而且在游进中声音小、易观察、可负重，是实用性较强的游泳技能。

1. 动作要领

(1)身体姿势

俯卧水中，两臂前伸并拢，微抬头，前额齐水面，稍挺胸略收腹，腿伸直呈流线型，身体纵轴与前进方向呈5～10度角。

(2)腿部动作

蛙泳腿部动作包括收腿、翻脚、蹬腿、滑行四个连贯动作。

收腿是把腿收至能为翻脚蹬水创造有利条件的动作。收腿是从滑行结束自然下沉开始，两腿边收边分，在收腿结束时大腿与躯干之间的角度为130～140度，小腿和脚靠近臀部，小腿与水平面呈垂直姿势，两膝距离与肩同宽。收腿的要求是腿要放松，收腿的力量要小，速度与蹬腿相比要慢，截面要小。

翻脚是为了造成有利于蹬水的条件。翻脚实际上是收腿的继续、蹬腿的开始。在收腿靠近臀部时，两膝内压，小腿外移，紧接着两脚外翻，使脚和小腿内侧对准蹬水方向，要求在收腿未结束之前开始翻脚，在蹬腿开始前完成。

蹬腿的要点是用髋和大腿肌肉发力，按先伸髋再伸膝伸踝的顺序，以大腿内旋做快速有力的鞭状蹬夹水动作。蹬夹水结束时两腿并拢。

滑行是紧接着鞭状蹬夹水结束时开始的动作，两腿并拢伸直，借助惯性向前滑行，身体成平卧姿势，腿部放松，为收腿做准备。

(3)臂部动作

蛙泳臂部动作不仅是游进的重要推动力，而且对维持身体平衡有重要作用。蛙泳臂部的划水动作可分为抓水、划水、收手、伸臂四个阶段。

抓水是划水的准备阶段，抓水动作紧接滑行肩前伸，两臂内旋滑下，稍勾手，两臂分开向侧斜下方压水。抓水结束时，两臂分成30～40度角，两臂与水面呈15～20度角。

划水是抓水结束时开始的动作，两臂积极地向侧、向下、向后地屈臂高肘划水。随着划水的进行，大小臂的夹角不断地变化着。当划水至肩线前时，大小臂的夹角约为90度。

收手是划水结束时开始的动作，随着惯性，手臂继续用力向内、向上收至头的前下方。

伸臂是由肩向前冲伸的动能使肘关节伸直而完成的。掌心由收手时的向上逐渐向下方，两臂同时向前伸出，两手拇指并拢。

(4)臂与呼吸的配合

呼气是在水中用口鼻同时做由慢到快的呼吐动作。吸气是在水上用嘴把最后的余气吐完的刹那做短促有力的吸气动作。

当两臂开始划水时，利用产生的浮力，嘴露出水面吸气；两臂内收前伸时闭气低头；开始划水前，嘴鼻同时迅速呼气。随着技术水平的提高，吸气和划水可同时进行，或收手时再快速抬头吸气。

(5)臂、腿和呼吸的完整配合

臂、腿配合一般是臂划水时腿伸直放松、吸气后臂前伸时做收腿和蹬夹水动作。臂、腿和呼吸的完整配合一般是腿蹬夹一次，臂划一次，呼吸一次；也可采用臂划水两次或臂划水三次、吸气一次的配合。选择怎样的配合技术应根据个人特征而定。蛙泳技术的重点、难点是腿部动作，而腿部动作的关键又是翻脚和鞭状蹬夹水动作。腿部动作的技术要求是慢收快蹬、翻脚充分、鞭状蹬腿、放松滑行；臂部技术主要注意屈臂划水和划水路线不超过肩。在完整配合技术中注意动作的节奏性和连贯性。

2. 教学方法

(1)腿部动作的教学

第一，坐在池边或岸上，上体后仰，两手后撑，按口令做收腿、翻脚、蹬夹伸直的蛙泳腿部动作练习，建立正确的腿部动作概念。

第二，俯卧在池边或岸上，做蛙泳腿部动作练习，建立正确的腿部肌肉感觉。

第三，扶池槽或由同伴帮助，在水中俯卧做收、翻、蹬夹动作，体会翻脚和弧形蹬夹水的动作。

第四，水中扶板做蹬腿练习，主要是巩固和提高腿部动作技术。

(2)手臂动作和手臂与呼吸配合动作的教学

第一，陆上站立，上体前倾，两臂前伸，两手并拢掌心向下，做蛙泳划水、收手、伸臂的练习。可配合呼吸动作进行练习。

第二，两脚开立站在齐胸深的水里，上体前倾做臂的划水动作。该练习主要体会划水路线和收手、伸臂动作。

第三，同练习的第二步，配合呼吸动作进行；该练习要求臂滑下时抬头吸气，收手时低头闭气，伸臂时呼气。

第四，同练习的第三步，要求由原地到走动练习，并逐渐增大划水力量，体会前臂及手掌对水的高肘弧形划水动作。

第五，腿夹浮板做蛙泳臂与呼吸配合练习。

(3)完整配合动作的教学

第一，水中练习，滑行后做臂腿配合的练习。该练习要求臂腿交替进行，臂划水时腿放松伸直，收手同时收腿，臂前伸时蹬腿。

第二，同练习的第一步，加上抬头吸气动作。

第三，同练习的第二步，由臂腿配合两次，呼吸一次，过渡到臂腿配合一次，呼吸一次，并逐渐增加游泳距离。

3. 易犯错误及纠正方法

第一，易犯错误：蹬腿时没有翻脚。

纠正方法：讲解示范，明确动作要领；多做分解动作练习，体会慢收、翻脚、快蹬的节奏；在同伴的帮助下做翻脚动作练习。

第二，易犯错误：平收腿，蹬腿过宽，蹬夹脱节或只蹬不夹。

纠正方法：讲解示范，明确动作要领；用矫枉过正法，要求两膝并着收蹬或用绳固定两膝距离；在陆上做模仿练习，体会收、翻和弧形蹬夹动作。

第三，易犯错误：收、蹬腿时脚的位置太低。

纠正方法：腰部肌肉适度紧张，使身体平卧水面；积极收小腿，少收大腿。

第四，易犯错误：收、蹬腿时臀部上下起伏。

纠正方法：头肩保持平稳，少收大腿，积极收小腿；强调弧形蹬夹、慢收、快蹬。

第五，易犯错误：吸不到气。

纠正方法：强调吸气前先在水中呼气，口露出水面用口吸气；臂开始划水时抬头吸气；多做臂划水与呼吸配合的练习。

二、分层教学模式在游泳教学中的实践应用

(一)分层教学模式

1. 分层教学模式的构成要素

分层教学模式作为教学实践活动中的组成部分，主要内容指的是在特定学科教学活动中，对于有着相同或者相似学习能力、思想意识及兴趣爱好的学员，以小组的形式进行分组实施教育教学活动的一种教学模式，分层教学模式的构成要素包含了以下五点。

第一，针对学员所表现出来的不同学习特征，观察并记录学员之间存在的差异性。

第二，以上述学员表露出来的差异性为基础，结合教学实际计划目标进行小组划分。

第三，开展实施教学实践活动，并对不同小组所表现出来的特性进行重点引导讲解。

第四，进行实时考核，设定考核标准，激发学生对提高学习成绩的动力。

第五，进行小组之间的资源共享，交流学习中遇到的困难和解决问题的经验措施。

2. 分层教学模式的种类

现阶段分层教学模式的种类按照形式和内容的划分主要被分为以下三种类型：

第一，以运动式教学为主的走班分层教学模式，通过将接收的特定学科的学员进行小组划分，以“走班”形式对其进行教学实践活动，根据不同学习能力的学员制定不同的教学内容，进一步提高了学科教学的成效。

第二,以学习能力变化为主的分层教学模式,其主要内容体现在将参与分组教学活动的选择权交给学生,根据自身的学习现状及能力等要素选择组别类型,并在其中经过不断的学习实践,改变自身的学习能力并在此对小组的划分进行选择。

第三,以互动式教学为主的分层教学模式,根据不同特征形成不同的小组,在课堂活动中以相互交流、探讨学习为形式,强化小组之间的学习探讨能力,这也是目前课堂教学活动中适用范围广的主要形式之一。

3.分层教学模式的优势

第一,表现为层次感分明,以分层为主导形式的教学模式,通过将拥有不同学习能力和思维意识的学生进行分组划分,能够便于教师对学生的学习现状和教学实践成果进行充分的了解与掌握,同时学员也能够及时对自身的学习情况进行掌握,逐步调整学习方向和学习任务、目标。

第二,表现为较强的针对性,分组教学所提倡的是对不同学习素养的学生进行教学实践活动,所采用的教学模式、教学内容及教学措施等方面都必须符合不同小组的总体特性,便于教师在教学实践中制订教学计划、设置教学内容,同时符合了学生的学习能力范围,进一步提升了教学成效。

(二)分层教学在游泳教学中的应用

1.在教学方案设计方面

在采用分组教学模式以后首要解决的问题是对教学方案进行科学、合理的设计规划,游泳体育项目的教学中依照体育项目的特性,逐步设定了不同层次阶段的教学目标计划及所采取的教学措施,例如针对学习能力、思维灵敏度较高的学习小组,应当逐步提高其学习要求,特别是对游泳所需要的体能、游泳动作掌握情况相比较弱的学员要提升一个层次;而对于其他小组来讲,应当以掌握基础的游泳技能为教学目标,并围绕其指定的目标计划开展教学实践活动。

2.在教学内容选择方面

分层教学模式中由于小组所体现的学习素养不同,使得教师在教学内容的设置中存在着不同的侧重点。相对于学习接受能力较强的小组学员来讲，教师在讲解完基础的游泳动作要领和安全注意事项以后，会将不同形式的游泳类型逐步引入课堂教学中来，包括蝶泳、蛙泳、自由泳、仰泳等形式，促使其小组学生能够掌握更多的游泳技能，也激发了学员学习游泳项目的兴趣；而相对于学习接受能力有限的小组学员来讲，教师多采用以基础知识、基本技能为主的基础性教学内容，重点加强学员对游泳所要掌握的必备要素进行充分的学习与掌握，促使其能够独立完成游泳活动，逐步培养学员的游泳技能。

3. 在教学实践操作方面

在实践操作中分层教学的应用主要体现在游泳动作技巧的讲解深度和示范过程，教师会对不同能力的学员讲述在不同情况下游泳动作实践的要领，其要领理解和实践难易程度的变化，随着分组特性的不同而发生变化，特别是针对难度较大的游泳技能，其示范动作的分步讲解应更加细化。此外，不同学习小组所处的水域环境也不同，根据能力的高低和技巧掌握熟练来讲，能力较高的一般在深水区域范围内；反之则在浅水区域范围内进行实践活动。

4. 在应急突发事项方面

安全教学是开展游泳课堂教学的首要因素，不论是在不同的学习小组还是在不同的水域环境内开展实践教学活动，都必须保障教学环境的安全稳定性；同时为了防止教学意外的发生，教师在教学实践过程中严格按照安全防范管理体系，采取有效措施避免出现诸如学员溺水、身体损伤的现象，包括建立完善应急突发事项管理机制、水域实践活动监督管理制度及规范游泳场地使用细则。

（三）强化分层教学在游泳课堂教学的主要措施

1. 教育规划方面

为了进一步提高和扩大分层教学在游泳课堂教学当中的应用范围和规模，应对其应用实践运行体系进行系统的规划设计。一是需要高等院校结合本校的办学宗旨和体育教学的总体发展规划，确立游泳教学的长远发展目标和建设方向；二是围绕提高学生游泳技能、提升教学成效逐步建立并持续完善游泳课堂教学管理体系，重点加强游泳教学各要素之间的衔接，保障游泳教学实践活动能够持续有效进行下去。

2. 安全保障方面

在原有游泳体育教学安全防范措施的基础上进行优化，特别是针对应急突发事件的处理流程和制度规划进行合理、规范化设置，围绕以提高游泳教学安全性为基本原则，以营造安全可靠的教学环境为行动目标，制定切实可行的应急突发事件的实施细则，逐步在教师、监管人员、救援人员、学生之间形成相互依托、相互监管的安全防范管理运行体系，提高处理应急事件的时效性，避免出现教学活动中人身财产损害的现象。

3. 设定游泳教学内容

在现阶段体育教学创新改革发展建设的影响下，为实现提高游泳教学成效、满足社会发展对综合型人才的需求，在实施分组教学的前提背景下，需要对游泳教学的内容进行设置。游泳分层教学模式所采取的内容设定，首先，应当结合现有的游泳教学资源包括师资力量、教学目标、教学器械场地、学生身体素质现状等基础要素；其次，逐步确立不同分组中对于游泳项目学习的侧重点，是加强动作要领的培训还是提升身体协调性；最后，在保障安全的前提下，尽可能多地采用理论与实践相结合的分层教学，在不断地游泳实践活动中逐步体会教师所讲解的课程内容。

4. 优化分组措施

一方面，分层教学实践的重点在于小组划分，为此在实施小组划分的过程中教师应当在满足体育教学计划的前提下，结合院校游泳教学实际现状和存在的问题，以及学生自身的身体素质状况，逐步观察采集学员对于游泳项目学习能力及兴趣的差异性，将其作为实施分组教学操作的重要参考依据。

另一方面，进一步提高分配小组的划分标准，包括能力水平、身体素质及灵活程度等软硬件条件是否达到既定的分组要求，提高分层划分的公正性和科学规范性；同时做好学员的讲解工作，避免出现因分组问题造成教师与学生、学生与学生之间的矛盾冲突，影响教学成果的提升。

综上所述，分层教学模式本身所包含的优势效益，对于提高游泳教学活动成效起到了重要的促进作用，特别是在当下校园建设与教育体制都处在创新改革的发展建设时期，分层教学模式层次分明、条理清晰的优势特性，逐步提高了游泳教学的效率和质量。为此，应当在现有环境资源的基础上，通过规划设计、体系建设、提升安全保障、优化分组措施等步骤，形成一套实践性强、适用范围广的综合型分层教学模式，助力游泳教学长远发展。

第三节　体育舞蹈教学与训练实践探究

一、体育舞蹈的常规教学与训练

(一)常用的基本舞步

1. 跑跳步(一拍完成)

小八字步站立，两手叉腰。左腿屈膝前举，绷脚面，同时右脚向前跳一小步，随即左脚向前落地，再换右腿屈膝前举。跑跳步可向前、向侧、向后做。该舞步要求动作轻快、欢跃，两臂自然前后摆动。

2. 跳踢步(两拍完成)

自然站立，两手叉腰。第一拍，两脚轻跳一次；第二拍再跳起，左脚向前踢出，同时右脚落地。跳踢步可连续做，也可左右腿交换做；可向前、向侧、向后方踢腿；可原地做，也可在移动中做；可直膝踢腿，也可屈膝踢腿。该舞步要求动作轻快活泼，头部协调配合。

3. 踵趾步(两拍完成)

自然站立，两手叉腰。第一拍两脚轻跳，右脚落地稍屈膝，同时左脚跟在体前点地；第二拍右脚轻跳，落地稍屈膝，同时左脚尖在体后点地。踵趾步可连续做，也可经过渡动作交换腿做；可在同一方位连续点地，也可在不同方位分别点地。该舞步要求动作活泼欢快，协调配合上姿势和头位动作。

4. 踵趾踢步(四拍完成)

自然站立，两手叉腰。第一拍，两脚轻跳，右脚落地稍屈膝，同时左脚跟在右脚尖前方点地；第二拍，右脚轻跳，落地稍屈膝，同时左脚尖在右脚的右侧点地，膝稍屈；第三拍，右脚轻跳，同时左腿向左前方踢出；第四拍，右脚轻跳，双脚同时落地还原。踵趾踢步可交换腿做，也可连续做。该舞步要求动作轻快活泼。

5. 快踏步（两拍完成）

自然站立，两手叉腰。第一拍，上半拍，左腿屈膝上摆，同时右脚蹬地随之屈膝上摆，左脚落地；下半拍右脚随即落地，同时左膝屈膝上抬。第二拍，左脚落地；换右腿屈膝上摆开始。快踏步可在原地做，也可在前进中做或左右移动中做。该舞步要求动作轻快、节奏分明。

6. 踢毽子（两拍完成）

自然站立，第一拍，左腿屈膝上抬，随即右脚蹬离地面后屈膝，小腿从左腿前面内拐上踢，同时左脚落地；第二拍，右脚落地还原。踢毽子可连续做，也可经过渡动作交换腿做；可使右小腿从左腿后面内拐上踢成右腿的后踢毽，还可使右小腿在侧面外拐上踢成侧踢毽。该舞步要求动作轻捷、节奏分明，两臂随腿的动作自然摆动。

7. 垫跳步（两拍完成）

自然站立，两手叉腰。节拍前右膝稍屈，左膝前抬稍离地。第一拍，左脚前脚掌垫地，伸膝立踵，右脚直膝离地；第二拍，右脚落地，还原节拍前动作。垫跳步可连续做，也可经过渡动作交换腿做；可在原地做，也可在向前、向侧、向后移动中做，还可以边转体边做。该舞步要求动作柔和、有弹性，上下起伏节奏清楚。

8. 踏跳步（两拍完成）

自然站立，两手叉腰。节拍前左膝前抬离地。第一拍，左脚踏地跳起，右腿屈膝前摆；第二拍，左脚落地，右膝前抬停留在空中，换右脚踏地。踏跳步可在原地做，也可在移动中做，还可以边转体边做；可向前、向侧、向后屈膝摆动，也可直膝摆动。该舞步要求动作刚健有力、节奏感强。

9. 跳点步（两拍完成）

自然站立，两手叉腰。第一拍，上半拍左脚向左跳出一步，下半拍右脚随之在脚旁点地；第二拍，左脚原地踏一步，换右脚跳出，可向各种方位跳出。该舞步要求动作欢快活泼，注意上体和头位的配合。

10. 三步一跳（四拍完成）

自然站立。左脚开始，向左走三步，每步为一拍；第四拍，左脚蹬地跳起，右脚同时向左踢，左脚落地，换右脚向右走。三步一跳可向前后左右各个方位做；可直膝踢腿，也可屈膝抬腿。该舞步要求动作轻快自然，两臂随动作自然摆动。

11. 秧歌步（四拍完成）

三进一退。左脚开始，向前扭三步，每步一拍，双膝随之稍微颤动，两臂在胸前做横“8”字摆动；四拍右脚原地退一步，左脚稍离地。

三步一跳。1～3 拍同“三进一退”前三拍，第三拍后半拍左脚跳起小腿后踢，右脚向前跨出，两臂摆起至右肩膀位，左臂托掌位右脚落地。

十字步。第一拍，左脚向右前方迈一步；第二拍，右脚向左前方迈一步；第三拍，左脚向左后方撤一步；第四拍，右脚向右后方撤一步，两臂随脚在胸前做横“8”字形摆动。十字步可原地做，也可在前进中做；可加转体做，边做边向左转体。

以上三种秧歌步都要求动作流畅、欢快热烈。

（二）基本舞步与动作组合

1. 踏跳步组合（八拍完成）

节拍前自然站立，两臂侧举，半握拳。

1～2 拍，左脚踏跳，右腿在后屈膝摆动，两臂内摆至右臂在体后屈，左臂在体前屈。

3～4 拍，左脚踏跳，左腿向前屈膝摆动，两臂外摆至侧举。

5～6 拍，左脚踏跳，右腿在右侧屈膝摆动，两臂内摆至右臂在体前屈，左臂在体后屈。

7～8 拍同 3～4 拍，反复进行。可原地做，也可边做边向右侧移动。两个八拍后可换右脚做。

2. 先踏跳，向左侧动

踢毽步组合（八拍完成）。

1～2 拍，抬左膝，右腿前踢毽步。

3～4 拍，抬左膝，右腿后踢毽步。

5～8 拍，右脚侧踢毽步两次。可反复进行，两臂随动作自然摆动。两个八拍后换左脚做。

3. 跳点步组合（八拍完成）

1～2 拍，左脚向左做跳点步，左臂屈肘由右至左在头前方小晃手，右手在左肘下按掌。

3～4 拍，右脚向右做跳点步，换右臂小晃手。

5～6 拍，左脚向前做跳点步，上体前俯，同时左臂前下伸右臂后上举，头后屈，眼看左手。

7～8 拍，右脚向后做跳点步，同时上体右转后仰视，头向左转仰视，左手叉腰肘向前，右手扶头后，右脚开始做，注意手臂、上体和头位配合。

4. 踵趾步，快踏步组合（八拍完成）

1～2 拍，左脚做前踵后趾步。前踵时，臂体前小交叉，上体左侧；后趾时，两臂外翻打开成侧下举，上体正直。

3～4 拍，左腿屈膝前摆做快踏步，同时两前臂向上内绕至手叉腰。

5～8 拍，动作同 3～4 拍，但换右脚做。可原地做，也可在快踏步时向前移动；可在第二个八拍时做转体 360 度的快踏步，两臂上摆至三位。

5. 跳踢步、垫踏步组合（二八拍完成）

1～4 拍，做左腿屈膝外摆侧踢的跳踢步两次，同时头右偏左转，眼看左脚，两手在右耳旁击掌两次。

5～8 拍动作同 1～4 拍，但换成踢右脚。

二八拍的前四拍，右脚做垫踏步两次，同时右转 180 度，两手在胸前击掌后摆至两臂侧举，眼看左手。

5～8 拍动作同 1～4 拍。

三八拍开始，可换右腿先做侧踢。

6. 秧歌步组合（四八拍完成）

1～8 拍左脚开始做两次三进一退步。

二八拍做两次十字步，第二次向左转体 180 度。

三八拍做两次三进一跳步。

四八拍同二八拍动作。

7.三步一跳组合(四八拍完成)

学生手牵手成圆圈。

1～8拍,先向左后向右各做一次直膝踢腿的三步一跳。

二八拍先向前再向后做一次屈前抬的三步一跳。向前做时,两臂由下向前至上举;向后做时,两臂经下向后摆。上体随动作俯仰配合。

三八拍开始不牵手,先向左做一次三步一跳,右腿屈膝抬起向右摆,两臂在头上从右向左挥摆,跳起时再随之向右挥摆;再向右做一次,动作同,方向反。

四八拍先向前再向后做一次屈膝前抬的三步一跳。向前做时,两臂向后轮转一周至左臂前下举,右臂后上举;向后做时,两臂向后轮转一周半至右臂前下举,左臂后上举。

8.组合舞蹈《春天来了》(四八拍完成)

学生牵手成圆圈,单数出列站成逆时针方向的内圈。

1～8拍,外圈拍手,内圈从左脚开始向前做8个跑跳步,两臂打开,四侧向下经前至上举成三位,上体随之由前俯逐步抬起,做两次。

二八拍内外圈相对,一起做左腿跳踢步两次,左手叉腰,右臂后上举;再换右腿做两次,手臂相反。

三八拍,前4拍先向左后向右做跳点步小晃手一次;后4拍做秧歌十字步转体180度,内外圈交换位置后相对。

四八拍做一次踵趾步、快踏步组合练习。

9.组合舞蹈《毽子舞》(四八拍完成)

学生牵手成圆圈。

1～8拍,前4拍用抬左腿踢右腿做一次前后毽踢步组合,后4拍向右做4次跑跳步。

二八拍同一八拍动作,但向左做跑跳步。

二八拍和四八拍做一次跳踢步、垫踏步组合练习。

(三)教学方法

教师要注意各动作的区别和联系,合理安排教学顺序,充分发挥各动作之间的有利影响，避免可能出现的干扰。

以单个动作为基础，及时转入舞步组合练习，既提高对学生的练习要求，又提升学生的练习兴趣。单个动作练习时，教师要着重抓好动作基本形态的教学，在学生掌握后再根据需要进行动作演变形态的教学，启发学生思维，培养想象力。

在学生基本掌握动作后，教师要及时选配适宜恰当的音乐伴奏，让学生在欢快的气氛和优美的旋律中练习，激发学生情感的共鸣，提高练习的热情和动作的表现力；伴奏前，先让学生熟悉音乐的节奏和旋律特征。

舞蹈教学要与学校课外活动相结合，为师生提供一个广阔的课堂，使学生的表现力、想象力、创造力得到充分的发挥，既能丰富校园文化生活，又能极大地巩固、提高和扩大课堂教学效果。

二、翻转课堂教学模式在体育舞蹈教学中的实践应用

(一)翻转课堂的内涵

翻转课堂是从英语“Flipped Class Model”翻译过来的术语，又被称为“反转课堂式教学模式”。翻转课堂实质上是指教师在课前把教学内容制作成一个短小精悍的视频发布在网络上，学生在家中完成对教学视频的观看和学习，随后在基本掌握一定理论知识的基础上完成在线测试，在课堂上师生一起协作交流，共同解决在学习过程中遇到的问题，完成教学任务，以此来激发学生的学习兴趣，调动学生主观能动性的一种新的教学模式。这种教学模式颠覆了传统课堂上听教师讲解，跟随教师进行技能学习，课下领会练习的教学模式，更好地提高了学习效率。

(二)体育舞蹈教学的特征

体育舞蹈是将体育与舞蹈、音乐相融合的运动项目之一，它以音乐节奏为基础，以身体动作和形态为具体表现形式，同样具备了一般舞蹈的艺术性；教师在教学过程中不仅要注重对动作技能的传授，更要注重对学习者的音乐素养和舞蹈表现力的培养。体育舞蹈动作的学习符合运动技术形成的一般规律，分别为泛华、分化、自动化三个阶段，在教学过程中我们通常采用讲解和示范相结合的方法。讲解是教师通过语言的描述帮助学

生在脑海里建立动作的模糊概念，加深对动作的理解；而示范则需要教师以自己的动作为范例帮助学生建立动作表象从而更好地掌握技术动作。

（三）翻转课堂应用于体育舞蹈中的意义

1. 教学内容

传统的体育舞蹈教学模式强调课堂是一个知识与技能传授的过程，教师教什么，学生就学什么。目前，很多学生学习的还是教师规定的那几个固定的舞蹈套路，学生无须创新和思考。而翻转课堂在多媒体课件的制作中引用国际赛事的视频，将音乐、图像、文字集于一身，学生完全沉浸在视频所制造出的现场逼真效果中。赛场上舞者绚丽的服装和优美的舞姿会使学生产生跃跃欲试的念头。翻转课堂模式采用更加有意义，学生可以将自己感兴趣的内容作为教学内容；同时，学生也可以根据自己感兴趣的内容编排自己喜欢的组合套路进行小组展示，古人说“授人以鱼不如授人以渔”，而翻转课堂正式验证了这个道理。它不仅注重对技能的传授更注重对学生学习能力、舞蹈创编能力的培养。

2. 教学方法

传统的体育舞蹈教学模式是“灌入式”的，教师在教学过程中占主导地位，学生在学习过程中被动地接受知识和技能。翻转课堂强调的是自主学习与信息化学习、合作探究式学习相结合的多样化学习模式。学生在课前可以根据教师制作的视频和提出的问题提前预习教学内容，帮助学生更好、更快地建立动作表象，缩短教学时间、提高教学效率。在学习过程中可以小组互相展示学习成果，讨论合作、相互学习，发挥学生的主体作用；课下，学生也可以通过教学视频对不懂的问题反复揣摩，对同一个动作甚至高难度动作也可以反复播放，加深理解，兼顾到了每个学生发展的不同需求。

3. 评价方法

翻转课堂对激发学生学习的主动性与积极性，培养他们发现、分析、探索问题的综合能力，对提升学生的社会适应能力和相互合作学习能力也发挥了重要的作用。教师可以通过与学生在线的交流讨论，了解学生的学习情况。在评价阶段，翻转课堂与传统的以考试分数作为唯一的评价手段有所不同，除了教师对学生课堂上的表现进行评价，还有教师将小组展示录制下来放在视频播放区，学生可以发帖评价。多样化的评价方式，促进学生的个性化学习。

（四）翻转课堂应用与体育舞蹈教学模式的构建

翻转课堂与传统的体育舞蹈教学模式最大的不同点在于，翻转课堂尽可能地在课前预习的基础上，延长有效的上课时间，关键在于利用一个好的教学设计来提高教学质量。

不同的学习方法带来的学习效率有着很大的差异，传统的"满堂灌"式教学已经不适应学生的发展，因此，在教学过程中，教师和学生都应该做出相应的调整。传统的教学模式过分注重教师的讲授，学生被动地模仿，只有通过视、听、口、脑多种感官的刺激来启发学生的学习，才能真正做到对知识技能的吸收内化和掌握。

1.课前模块设计

在课前准备阶段，教师要准备 2～3 个实践课视频，其中包括恰恰移动步教学视频、优秀运动员比赛视频或教师实践课录制视频，将制作好的视频上传到校园慕课平台供学生课前预习。视频制作要短小精悍、时间控制在 5～7min 之间，突出重点内容，时间过长易分散学生注意力，达不到好的学习效果；尽可能用简单易懂的语言介绍本节课的重难点内容，在视频结束之前可设置几个有针对性的小问题，激发学生学习的动力；学生可以将预习过程中不懂的问题反馈给教师，教师通过问题的统计来把握教学过程中应该着重强调的地方；学生也可以将问题带到课堂上与同学相互讨论、探究。

2.课堂活动模块设计

课前学生已经学习了恰恰移动步的相关知识，教师可以花很多的时间在课堂实践活动的组织上；这些活动的组织是教师根据课前学生问题的反馈而设定的有针对性的实践活动，包括知识检测、布置任务、小组协作、小组展示、反馈评价五个方面的内容。

(1)知识检测

教师可提问几个小问题并通过学生的回答来检测课前的预习情况。对恰恰移动步这个新授课而言，学生想通过教学视频就掌握教学的重难点是比较困难的，对于这节课的重难点内容，还是要通过课堂实践中教师的讲解、示范，学生间的讨论与探究来解决。教师在提问问题时要尽量以选择性答案方式呈现给学生让学生选择。

(2)布置任务

学生在基本掌握了教学内容及重难点之后围绕教师布置的教学任务全面掌握动作技能。这就要求教师在下达任务之前对学生的学习情况基本了解，设计有针对性的学习任务。恰恰移动步是一门新授课，学习任务要由易到难，主要包括：①完成恰恰移动步律动练习；②掌握主力脚推动地板练习；③将律动练习与主力脚推动练习结合。

(3)小组协作

在小组协作阶段，每一位成员都有机会发表个人的观点和看法，小组成员之间可以通过互相探讨、学习进一步对自己已掌握的知识进行补充，共同提高。同时，小组协作有利于培养学生的团队合作意识和主动参与的意识，培养学生的社会适应能力。

(4)小组展示

小组展示是一项重要的教学手段，学生可以以小组为单位向教师和同学展示自己的学习成果，也可以自己创编舞蹈动作进行展示，它能很好地改变教师占主导地位学生被动学习的局面，发挥学生的主动性，激发学生的学习热情。它作为一种高效的学习方式，帮助学生开展“认知交流，成果分享，思维碰撞，解决问题”的活动，提高了学生的学习效率。

(5)反馈与评价

小组展示结束之后除了需要教师与学生的鼓励之外，还要有一定的评价来帮助他们认识自己存在的问题与不足之处。评价手段包括两种；由教师根据学生的课堂表现和小组展示成果做出的评价称为教师评价；

教师用手机或多媒体工具将小组展示录制下来并放到校园慕课平台上由学生发帖做出的评价称为学生评价。多元化的评价机制相结合更有利于促进学生的个性化学习。

翻转课堂虽然被誉为“影响课堂教学的重大技术变革”,但在教学过程中不能完全依赖多媒体教学,也不能完全替代传统的以教师讲解示范为主的教学模式。如果教师在教学过程中过分依赖多媒体教学会导致动作技能教学时间的丢失,动作技能不但不能得到提升,甚至可能会适得其反。所以,教师在教学过程中一定要适度、灵活运用,才能使翻转课堂与体育舞蹈教学做到真正意义上的融合。

第四节　武术运动教学与训练实践探究

武术是我国宝贵的文化遗产之一,是一项具有独特风格民族形式的体育项目。

一、武术教学任务

第一,使学生了解武术的特征及其在中华民族文明史上的作用,明确学习武术的目的既是为了锻炼身体,又是为了继承民族文化遗产,发扬光大我国的优良传统文化。

第二,通过武术的教学,发展学生的柔韧、灵敏、速度、协调和力量等身体素质,增强其肌肉、韧带的伸展和弹性,提高各关节的灵活性和中枢神经系统、心血管等内脏器官的机能。

第三,使学生掌握教材中的武术操、基本动作和组合动作、拳术套路及攻防动作。

第四,培养学生勇敢顽强、机智果断的优良品质和朝气蓬勃、吃苦耐劳的精神,增强民族自豪感。

第五,由于武术具有系统性和动作的连贯性及内外合一、神形兼备的特征，通过对动作、套路的记忆，以及对攻防含义的理解，提高学生的理解能力和独立思考能力。

二、武术教学的一般规律

(一)武术教学的三个阶段

中学的武术教材是根据由易到难、循序渐进的原则编写的，在教学中可分为以下三个阶段：

第一，进行武术中拳术的手型、手法、步型、步法等基本动作和武术操的教学，提高学生的身体素质，使学生学会动作，并掌握动作的规格。

第二，学习组合动作和少年拳，掌握套路特征和运动方法。

第三，在巩固和提高少年拳的基础上，掌握单人和双人攻防动作，初步掌握攻防技术的性质和作用。如果学习攻防动作的条件不够成熟，也可选棍术或剑术进行教学，初步掌握器械套路的方法。

(二)武术教学的顺序

武术教学的特征之一，就是以套路为运动形式，而套路由若干基本动作所组成。每个完整的套路，一般都包含动作的方向路线、功架的结构、发力的特征、节奏的变化、意识的走向、手眼的配合等要素。要让学生逐步学会动作和套路，可按下列教学顺序进行：

第一，弄清动作的方向路线。

第二，进一步掌握动作姿势的准确和工整。

第三，要使学生完整地掌握动作，并使其规格化。

第四，要使学生体会、了解武术的技法，以及神形兼备的要求。

第五，通过多练、多复习达到熟练掌握套路的目的，并不断提高学习质量。

(三)讲解和示范的特征

在武术教学中，教师的讲解和示范对教学的成败起着极其重要的作用。讲解和示范是思维和直观相结合的教法，是使学生建立正确的动作概念和掌握动作的基本方法。

1.讲解的特征及内容

第一，讲解动作的规格和要求时，力求通俗、精炼、形象准确，可采用武术的术语和口诀。

第二，讲解动作的基本技法，即带有一般规律的基本方法，如进攻和防守的方法与部位。

第三，按动作的顺序，每一个动作，一般先讲下肢（步型），再讲上肢，最后讲上下肢的配合及眼看的方向。

第四，讲解动作的关键环节，即难点。

第五，讲解动作的攻防含义。

第六，讲解动作易犯的错误。

2.示范的特征及方法

教师的示范是使学生通过直观感性认识来了解动作的形象、结构过程，从而获得正确的动作概貌。武术教学的示范有自己的特征和方法。

第一，示范的位置。教师可以选择在横队的等边三角形的顶点或左前方、右前方位置进行示范。

第二，根据动作的需要，教师的示范面可采用正面、镜面、斜面、侧面和背面。在教套路时，需要示范领做，教师要随着队形的变化方向不断变换自己的位置，最好保持在队列前进方向的左前方，领做时最好先用背面示范，便于学生直接模仿教师的动作。开始可用慢速示范，再逐渐加快示范的速度。

(四)组织教法

第一，以集体练习为主、分组练习为辅，要充分发挥教师的主导作用，调动学生的练习积极性。

第二，注意培养和使用武术骨干，使其发挥“小教员”的作用。集体练习时，把他们安排在适当的位置，可以起到示范不同角度的作用。分组练习时，发挥“兵教兵”的作用，让他们当好教师的助手。

第三，练习时可进行教学比赛，择优示范和讲评，可提高学生的兴奋度，促使其熟练掌握动作，提高质量，互教互学。

三、武术基本动作的常规教学与训练

武术中的基本技术动作是组成套路的主要内容，主要包括手型、手法、步型、步法、腿法、身法、眼法和跳跃。这些动作是武术所特有的，在教学中会反复出现，并具有独特的风格和积极意义。另外，这些动作不仅是套路演练过程中看得见、用得上的基本技术，也是发展专项身体素质的有效方法。加强基本技术动作的教学，不仅有助于学生领会和掌握教材中的套路，保持武术技术动作规范性的独特风格，而且还可达到有效地锻炼身体的目的。

四、多元化教学模式在武术教学中的实践应用

多元化教学模式主要指的是一种突出学生主体性地位的，全方面地、多视角地将所有可以利用的因素全部引入教学当中去的教学模式。多元化教学模式，旨在培养学生的学习兴趣，努力开发学生的发散性思维，主要是武术学习的个性化及武术课程的开放化等多个方面。

(一)多媒体教学模式在武术教学中的应用

在这个科学技术飞快进步的时代，合理地引进最新科学技术来服务教学也已成为必然趋势，最有代表性的便属多媒体技术在教学当中的应用，当前多媒体教学技术也开始应用于武术教学。但由于传统教学模式根深蒂固的影响，许多教师仍选择讲解示范法进行教学，这一传统的教学方式，对学生学习简单的基本套路动作确实具有十分重要的作用，但是随着武术动作技巧难度的不断提升，便需要教师在反复地从多个角度示范技术动作的同时讲解动作要领，这既增强了教师教学的难度也增加了学习的压力。采用多媒体教学法便能够有效地解决这一问题，通过多媒体技术，利用视频影像及动作分解，对技术动作的直观呈现，并且配合音乐、

文字等一些感官进行全方位的学习，不但可以降低教师的教学难度，而且有利于学生学习兴趣的培养。

1. 多媒体教学法对学生兴趣培养的作用分析

通过多媒体教学法，可以将教学内容以图像、视频、文字等不同形式直观、生动地呈现在学生面前，使学生能够全方位地、直观地进行观察学习；对于套路学习还可配上音乐的伴奏，更能给学生营造出一个轻快的学习氛围，从而营造出一个和谐、轻松的学习环境。通过多媒体技术，学生可以更加深入细致地对技术动作进行观察，能够提高学生掌握动作的准确度，并且能够维持长时间的记忆，这在一定程度上也能够起到减轻学生学习负担、减轻教师教学难度、提高学生学习兴趣的作用。

2. 多媒体教学法运用中应注意的问题分析

必须明确的是，多媒体教学法只是教学的辅助手段之一，因而，作为一名优秀的武术教师，应该要能够熟练掌握多媒体教学课件制作及操作技术，并且可以准确合理地将其应用于教学活动当中。教师应仔细观察学生的学习情况，再结合学生的反馈意见准确灵活地运用多媒体技术进行教学，让多媒体教学模式与传统教学模式相结合，共同提高武术教学质量。

(二)俱乐部教学模式在武术教学中的应用

采用俱乐部教学模式，通过成立武术俱乐部，能够在一定范围内吸引一些学生参与武术俱乐部的训练活动，在提高学生武术技术的同时，还能够让学生养成良好的锻炼习惯，为其终身参与体育锻炼打下坚实的基础。除此之外，武术作为我国传统体育运动项目，其教学中所蕴含的德育价值也是极为重要的，通过俱乐部教学模式，让更多的人参与这项运动，对传承我国传统体育文化、弘扬武德精神、培养学生的意志品质都具有积极作用。

(三)网络课程教学模式在武术教学中的应用

近些年，互联网得到了迅猛发展，它影响着人们生活、学习、工作的方方面面。因而，武术教学也应该有效运用网络，开发网络课程，采用网络课程教学模式以激发学生的学习兴趣。网络课程与传统课程最大的区别在于教学时间的随意性，教师可以将教学视频传到网络上，学生再自由选择空暇时间进行观看学习。教师在制作网络课程的时候，应该注重趣味性及实用性的体现，这样便能够更好地吸引学生积极主动地进行学习。在网络课程教学评价中，也可以让学生自己拍摄套路学习的视频，将其上传至教师邮箱，教师再对学生的学习成果进行评价，这样一种区别于传统教学评价方式的形式，也能够激发学生的学习兴趣，提高评价的趣味性。

综上所述，多元化教学模式在武术教学中的应用，在提高学生的学习兴趣、丰富武术教学内容、提高武术教学的趣味性等方面都具有重要作用。多元化教学模式的应用，不但能够有效弥补传统武术教学当中的一些不足，还能够扩大武术教学的范围，激发学生的武术训练热情。在未来的武术教学当中，教师应该灵活地运用多媒体技术辅助教学，支持武术俱乐部活动的开展，开设武术网络课程等，进而营造出一个自主、灵活的武术教学氛围，从而更好地实现武术教学目标。

第六章　新时期高校体育教学的创新研究

第一节　高校体育教学创新原则及路径

一、高校体育教学创新应遵循的原则

(一)主体性与超越性原则

体育教学创新的实质是把个体的地位、潜能、利益、发展置于核心地位,发扬人的主体性,其职能是最大限度地激发学生的积极性、主动性和创造性;摒弃教学方法单一、教学模式固定、管理方式死板的“一统化”的教育方式,使学生在教育教学活动中表现出高度的自主性、主动性和创造性。体育课堂的活动是以学生为主,教师的教只作为一种辅助形式,融于学生的各项活动中。而且在发挥主体性作用当中,还应摒弃传统教育机械单向的“适应论”,走向“超越论”,创造出不以“重复过去”为己任,而是在人文本质上真正超越前人的一代“新人”。换言之,就是在教师的引导下学生主动参与体育课堂教学,使之由过去体育课堂单纯听口令的被动接受者变为主动受益者,成为体育课堂教学的主体。

(二)民主性与独创性原则

教师和学生对于知识、价值及其评价有着平等的发言权,因而在教学活动中他们是一种平等关系;这一平等关系又必须建立在一种民主宽松的教学氛围(如师生关系、教学环境、学生自由发展度等)基础上。这样不仅能充分发挥学生的创造性思维和想象力,还有利于学生个性的发展。因为,个人作为教育主体不仅具有主体共同的特性,还具有独特性和差异

性。而民主平等的师生关系和生生关系、民主和谐的教学氛围使得师生间能够互相接受、互相适应、互相理解、互相尊重。

(三)全面性与发展性原则

创新教育是综合素质的教育,它涉及人格、知识技能培养等诸多方面,其实质是培养人的自由全面发展。相对于应试教育而言,创新教育是一种注重完善学生健全人格的教育。作为体育教学来讲,一方面要注重德、智、体、美、劳在学生身心发展中的有机渗透,培养其崇高坚定的人生信念、坚忍不拔的奋斗志向、纯洁优秀的道德品质、超凡脱俗的审美理想、宽广渊博的文化素养和敏捷灵巧的生活技能;另一方面更要注重培养学生从事未来创造工作所必备的独特精神品质,如坚持探索、不随大流的独立人格,标新立异、破除陈规的批判精神,不拘陈见、富于变通的灵活态度,博采众长、吸纳百川的宽广胸襟等。因而,体育教学创新更是全面性和发展性特征的完美体现,其宗旨就是实现学生认知和个性的全面协调发展。

(四)启发性与互动性原则

体育教学中学生创造性思维的激发和培养是建筑“创新”大厦的基础之一。通过体育教学,对学生施以积极的教育和影响,为他们最终作为一个独立的个体,能够学会并善于发现和认识有意义的新知识、新事物、新方法,掌握其中蕴含的基本规律并具备相应的能力打下稳固的基础;但创造性活动并不是单方面的,而是师生间的一种互动,只有这样才能相互启发、相互激励、相互帮助,才能激发思维,形成创造性想象。而互动性在体育课堂中表现得最为明显,只有师生积极配合,才能发挥最佳的体育教学效果,才能使学生在互动过程中形成自己的知识结构、能力结构和人格结构,展示自己的独特性和创造性,培养积极参与体育教学的能力和态度。

二、高校体育教学创新的路径

(一)转变教育观念,更新教育思想是体育教学创新的前提

要从传授、继承已有知识为中心的传统教育,转变为以学习者为中

心，着重培养学生创新精神的现代教育。教师要认识到“授人以鱼，不如授人以渔”的道理，努力形成以主动参与、积极探索、主动思考、主动创造为基本学习方式的新型教学过程；要坚持教育的成功导向和正面鼓励，鼓励冒尖，允许“落后”，不求全责备，充分发挥学生的个性。创新教育的核心是以教为主导，以学为主体，整个教学过程是在教师的引导下，充分发挥学生的主体性，引导学生主动学习、创造性学习。在创新教育中，教师应重视调动学生的主动性和创造性，开发学生的智力，促使学生由“要我学”转变为“我要学”，从而迸发出极大的学习热情，并能够处于主动学习的最佳状态，从而为培养学生的创新能力打下基础。

（二）建立民主师生关系，创设学生创造性思维的氛围是体育教学创新的基础

宽松、自主的学习环境是培养学生创新能力的一个重要条件。实践证明，在专断的师生关系中，教学氛围沉闷，学生精神抑郁，学习非常被动。而在民主的师生关系中，学生会对教师产生信赖感、亲切感，从而形成有益于课堂教学的亲和力；教学氛围活跃，学生精神振奋，心情愉快，学习积极主动，有利于激发学生的创造性思维。因此，在体育教学中，教师要尊重学生的人格和权利，与学生建立民主平等的师生关系，形成健康、美好、愉快的气氛；使学生在和谐、融洽、宽松的环境下学习、锻炼，并不失时机地对学生在教学过程中显现出来的审美意向和创造性进行形成性和激励性评价，使学生获得心理满足，激发学习的积极性、主动性。总之，体育教育必须走“民主化”的道路，师生之间应该建立合作、开放、真诚、平等、共融的密切关系。

（三）创建以学生为主体的新型教学模式和教学方法是体育教学创新内容的重点

第一，在教学模式中，把体育教学和创造活动有机地结合起来，需要切实做到这四点：一是摒弃传统的教师教、学生练的模式，引导学生积极地融入教学活动中，鼓励学生提出新方法、创造新游戏。坚持标准的统一性和运动项目及运动方法的灵活性和多样性，充分发挥学生的潜能、特质

和独特性。二是教师和学生都以研究的态度对待体育锻炼方法的教与练，针对学生身体素质的特点，选择合适的锻炼项目、方法和评价标准，鼓励学生提出新见解、创造新练法、形成新游戏。三是在比赛活动中，鼓励学生自己提出训练方案和比赛策略。四是在体育游戏中不仅注重学生的身体素质培养，还要注重学生智力因素、情感因素和创新精神的培养。

第二，在教学方法上，教师应针对学生身体素质的特点，选择合适的锻炼项目、方法和评价标准，鼓励学生提出新理解、创造新练法、形成新游戏。例如教师要随时诱导学生进行独立思考，鼓励学生提问题，即使提一些“稀奇古怪”的问题也无妨；应鼓励学生大胆发言，对教师的某些观点提出疑问。教师的确有不如学生的地方，只因“闻道在先”才多了许多经验和方法。教师回答不出学生的提问，要敢于说让我“想一想”“查一查”，要敢于正视自己的不足，努力防错和纠错。

（四）提高体育教师的综合素质是体育教学创新的关键

创新教育对教师的要求不再只满足于传道、授业、解惑的传统功能和作用，而要求教师能在学生创新教育的过程中发挥引导和示范作用，即教育者能以自身的创新意识、思维及能力等因素去感染、带动受教育者创新能力的形成和发展。在某种意义上可以说，只有创新型的教师才能实施创新教育，才能培养出创新型的学生。因此，教师自身必须具备较强的创新意识和较强的创新能力，只有这样，教师才能从自己的创新实践中发现创新能力形成和发展的规律，为创新教育提供最直接、最深刻的体验，最终才能在教学过程中，自觉地将知识传授与创新思维结合起来，发现学生的创新潜能，捕捉学生创新思维的闪光点，多层次、多角度地培养学生的创新精神和创新能力。因此，要实现体育教学的创新，教师必须具备以下三个方面的能力：

1. 具备深厚的文化功底和扎实的教学基本功

创新教育中要求有丰富多彩的体育课程项目，学生可自行选择适合自己的学习项目，这对教师来讲是一种无形的压力。因为教学内容的不同必然会带来教学方法、教学方式的变化，这就要求教师不仅要具备深厚的文化知识、艺术素养和丰富的综合运用知识的能力，还要具备扎实的专业教学基本功。要能够将其他学科知识、日常生活技能有机地结合在体育教学中，起到触类旁通的作用。通过教学艺术的积极引导，培养学生自主学习和综合运用知识的能力。

2.具备驾驭教学情境发展走向、调控教学进程的能力

教师在创设情境教学时，首先要把握好主题与学生情感产生的临界点，找出重要的情境和适合相应年龄学生情感的最近域，这样就能在较短的时间内激发学生的情感；其次应具备较强的教学组织调控能力，即在课堂教学中起到组织、引导、控制及解答作用，要改变“一言堂”“满堂灌”的弊病，形成以学生为中心的生动活泼的学习氛围，这样容易激发学生的创新激情。这就要求教师在组织教学中一方面要有敏锐的观察判断和处理问题的能力。这是由于体育教学空间范围大、学生的兴奋程度较高，因此，准确地预见和判断教学走向，对控制好主题式情境教学有着极其关键的作用。另一方面要有较强的语言表达能力。教师的语言表达艺术既能激发学生情感的产生，又能在公正、公平、富有激励性的评价下，推动学生积极锻炼。

3.具备积极的创新意识和创新能力

体育教学的创新要求教师必须突破传统教学模式条条框框的束缚，不断地运用创造性思维进行探索，善于吸收其他学科的新思想、新方法，通过自己的认识—实践—再认识—再实践，形成具有自身特色的现代体育教学方法。因此，这就要求教师必须具备积极的创新意识和创新能力：一是敏感性，即容易接受新事物，发现新问题的能力；二是灵活性，即具有较强的应变能力和适应性，具有灵活改变方向的能力；三是独创性，即产生新的非凡思想的能力；四是洞察力，即能够通过事物表面现象把握其内在含义和本质特性的能力。

第二节　高校体育教学中学生创新意识与能力的培养

一、高校体育教学的目标及学生创新意识的培养

(一)全面实施素质教育,为学生创造意识的培养奠定坚实的基础

素质教育与传统教育最根本的区别就在于它的全面性、全体性和自主性。全面性是要使学生得到全面发展;全体性是指教育要针对所有学生;自主性是教学过程中要使学生主动地学习。结合高校体育教学的特点,利用有限的时间开展多种体育活动,使学生能够按照自我兴趣、爱好和社会需要来选择,充分调动学生学习的能动性,从而给创新教育做好准备,是学校教学的重要目标。

(二)改革教材内容,重构教材体系

体育教材内容的选择直接影响学生体育意识的培养,所以高校体育教材的编写应根据学生体育锻炼的需要,其体系应从健身、娱乐、休闲等方面予以考虑,多选择一些难度小、易展开、趣味性强,融健康、娱乐、休闲为一体的项目。

(三)营造创新环境,培养学生的创新意识

高校体育教学要培养学生的创新意识就必须营造一种适宜的环境。例如田径、武术、体操等项目,经过长期的演练已经形成了固定的模式,所以在这些项目的教学中主要是进行模仿学习;而各种各样的游戏和对抗性的比赛也能给学生创造性的发挥提供广阔的空间。此外,意识是行动的先导,在体育教学中培养学生的创新意识也是创新教学的一个重要环节。

(四)强化课外体育,扩大锻炼领域

从事课外体育活动不仅能对体育课起到互补和延伸作用,而且还能

使学生在课内学到的体育知识、技术、技能得到消化、巩固。由于课外体育是学生自己担任主角,因此,它不仅可以培养学生的一般能力,而且还能培养其组织能力、管理能力和创造能力,对提高学生的综合素质,培养学生多方面的体育能力能够起到重要作用。

(五)开展丰富的校园文化活动,积极营造良好的校园文化氛围

校园文化对高校学生陶冶情操、磨炼意志、塑造自我有着重要作用。校园文化是大学生成长和发展的直接环境,要大力开展丰富多彩的校园文化活动,积极支持和指导学生,共同营造生动活泼、健康向上的校园文化,使学生从中受到文化氛围的熏陶。同时,还要重视校园文化环境建设,建设一些优美的自然景观、人文景观,形成良好的学习和文化氛围,促进创新教育的发展。

(六)调整考试和评价方式,增强学生的创新意识

对学生学习效果的考核和评价一直是影响学生学习方向的重要因素,过分重视考试的结果和固定的考试形式一直是传统"应试教育"的最大弊端。改革传统考核与评价的方法,应根据学生的实际情况,灵活掌握考试方法,不硬性规定考试项目则是解决此类问题的主要措施之一。

二、体育教学中的创新意识的培养方法

(一)思想的创新

发展娱乐性体育和健身性体育是转变学校体育教育观念的体现,也是当前学校体育的重要特征。

(二)教学方法和组织形式的创新

教学可以采用启发式教学,以达到在教学过程中"学"的中心地位,引导学生自己解决问题,促使学生积极参与教学活动,在掌握运动技能的过程中,发展创新意识,去创造更合理、更完善的技术动作。教师可以用发现教学法来不断激发学生发现问题和创造活动的兴趣,用学导式的教学法将学生主体和教师主导地位统一起来,使学生自学和教师引导相结合,

从而激发学生自觉锻炼的热情，养成自我锻炼、终身锻炼的习惯。应改变以往的组织形式，使学生成为体育教学的主人。教师可以只说明活动的目的、要求，安排一些小型比赛，由学生制定规则、相互裁判等，以此来提高学生的参与热情、掌握裁判技巧、培养组织能力和创新能力。

(三)重视创新方法的传授和体育理论课的作用

发散思维和创造个性是学生创新意识构成的两个主要方面，创新意识的其他因素在体育教学中的作用也不容忽视。对体育知识和体育项目的充分了解是体育教学中学生创新能力培养的基础，理论课可以利用自身独特的优势，以图片、幻灯片、录像、电脑软件等高科技教学手段形象而生动地阐述体育基本知识、专项理论和体育娱乐欣赏等内容；也可以利用多媒体视频、电脑软件等手段对一些社会上比较流行而学校没有条件开展的，如网球、保龄球、高尔夫球等体育项目进行介绍、学习和模拟；还可以根据社会需要、男女学生对体育文化需要的差别，灵活地进行教学。例如给男生讲解 NBA、国内足球联赛、欧洲联赛等方面的知识；给女生讲解健身、美容、减肥、形体训练等方面的知识。这样可以充分调动学生的主观能动性，促进其个性的发展，使其创造能力迅速得到提高。

第三节　构建高校体育教学创新体系

一、教学思想创新

建立面向未来的“求知创新”和“健康第一”的教学思想，主要体现在两个方面：一是掌握过去和现在的体育知识技能是为了更好地探索未知的体育；二是掌握未来终身体育和健康的知识与技能。长期以来，高校体育教学存在的最大弊端就是为了过去而教和考，其重心过于局限。如果掌握过去的知识仅仅是为了解决过去和眼前的问题，而不是面向学生未来终身体育的需求，那么，这样学习的体育知识和技能将失去应有的意义，这显然对学生解决未来体育的新问题十分不利。实践证明，大学生已经具备了一定的创新能力，如果把精力大多用在单纯记忆过去的知识上，那么就会影响学生的创新积极性，这不仅是一种精力浪费，也会使我国高校体育教学长期不能融入世界发达国家高等教育的行列。传统的重过去、重眼前的功利主义教学是限制民族创新素质发展的症结，也是制约高校体育教学改革的桎梏。当然，学生掌握过去的体育知识技能，虽然有利于求新，但目前高校体育教学，存在最突出的问题就是为了习旧而不是为了创新，没有把更多的具有创新性的体育教学内容纳入课堂之中，更缺少引导学生创新的教学方法。更确切地说，教师“求知创新”的教学意识极为淡薄。因此，为培养学生的体育创新能力，贯彻素质教育和终身体育思想，建立为增进学生现实与未来的健康而教的“求知创新”和“健康第一”的体育教学思想，把体育与健康教育的知识与技能的过去、现在和未来融为一体，并使其重心向未来转移显得十分必要。同时，这也是高等教育面向未来的改革思想与学校体育坚持“健康第一”思想的统一。其中，高校体育从以增强体质为中心向以健身为中心转移，这其实是把健康教育与身体教育（体育）有机结合在一起的表现，也是增强体质与增进健康的统一。

二、教学内容体系创新

（一）重视体育与健康教育相结合

现代体育教学已从传统的以运动技术为中心的传习式转向以增强体质为中心的新方式。体育从生物学角度增强体质，在劳动力密集的重体力劳动时代是十分可取的。但是，在未来劳动强度日趋降低的知识经济时代，它对全面增进健康却极为有限。大学生的健康是未来社会发展的需要，这就需要我们把身体教育与健康教育结合起来，构建新的体育教学体系。在这个新的体育教学体系中，身体教育是以增强体质和增进健康为目的的体育。体育未来是指人们根据未来社会和教育发展的变化，在体育理论教学和实践教学中，不断积极地探索体育自身发展与未来社会需求相统一的未知领域。在健康教育体系中，人的生理、心理和社会三维的健康是一个不可分割的统一体。传统的健康教育和过去的身体教育一样，偏重从生物学角度研究人的生理健康或生物体能的提高，现在二者又转向从生物学和心理学两个方位研究增进人的身心健康，二者都有“社会的适应能力”的内涵。有人认为这一内涵就是个体在群众中为了生存与发展而进行的，正常的互助、协作、交往和理解生存与发展的能力。这种能力，可以促进个体主动适应社会，并与社会协调发展，这就是“社会健康”的基本内容之一。“社会健康”有广义和狭义之分，广义的社会健康是指采取科技与人文措施，抵制世界“公害”(自然与社会)的增加、促进人类社会健康地生存与发展；狭义的社会健康是指人类个体或群体能够具备关心理解、宽宏大量、互助与利他、团结协作的适应社会的能力。

(二)增加有助于培养学生体育能力的教学内容

过去，高校体育以运动技术教学为中心，注重运动型教学，忽略了体育方法教学，这对培养学生终身体育能力、增进健康十分不利。未来，重视培养学生体育能力的新型体育教学，在不忽视运动技术(体育手段)教学的同时，要十分重视体育方法教学(体育与健康相结合的方法)。体育方法教学，对学生而言，它包括学法、练法和健康养护法等。健康养护法是配合身体锻炼需要、合理的饮食、睡眠、卫生、心理调节等的保健方法。加强体育方法教学，要求体育教师在教学中不仅要传授给学生运动技术，而且要把运动技术的健身原理学法、练法和健康养护法等终身体育知识技能传授给他们。

(三)增加面向未来的教学内容

长期以来，高校体育教学内容以解决过去和现实体育问题为重点，未来高校体育教学内容改革，应在探索中解决学生未来健身急须解决的问题。例如理论课不但要传授现实体育锻炼、养护和观赏的知识，而且要积极探索传授未来社会所需的相关内容，找到高校体育与社会体育的连接点。其中，理论教学可以比实践教学稍微超前，这样能预测未来社会发展对体育的新需求，真正使体育教学更加富有前瞻性。

第四节　高校体育教学模式的创新改革

一、目前高校体育教学模式存在的问题

(一)教学理念较为落后

我国高校体育教学依然保持传统教学的特点,发展至今并没有改变多少。在日常的高校体育教学中,教学方式较为单一,授课方式都比较传统,主要是教师讲课,学生被动地接受知识;教师首先做一些示范,然后由学生进行模范练习。这种方式已经严重阻碍了教学模式的创新,我们只要改进教学方式,注重教学方式的多元化,努力适应新形势下高校体育的教学理念,力求高校体育教学取得创新性成果。

(二)体育教学内容深度不够

众所周知,如果教学内容只是浮于表面,只做表面文章,那么教学内容就无法得到深入。目前很多体育教材存在只注重表面技术的问题,只注重大容量,而忽视了教材内容的深度。一些体育教材只是简单介绍体育运动的形式,而不能充分体现体育精神、民族精神,不注重培养学生的终身体育意识。教材内容的深度不够,就无法达到学生学习体育的真正目的,也就很难培养学生的创新精神。

二、高校体育教学模式创新改革策略

(一)明确教学目标,突破传统教学思想束缚

只有在学习的过程中明确目标,才能向着目标努力前行。同样,教师在教学过程中也必须树立明确的教学目标,抓住教学难点和重点,注重教学技巧。教师在向目标前进的过程中一定要冲破传统教学思想的束缚,摒弃一些旧的教学理念,大胆创新教学理念,勇于创新教学模式,将现代化元素引入课堂,使得体育课堂集娱乐、健身等于一体,遵循学生的发展个性,使学生在轻松愉快的氛围中取得进步。教师的教学目标不仅是培

养学生的运动技巧和专业知识,还培养学生终身体育意识,提高学生的体育能力,帮助学生增强体质,提高学生的综合素质,推动高校体育教学向着积极方向的发展。

(二)注重高校体育课程结构的优化

要想实现高校体育教学的创新,必须实现高校体育课程结构的优化。因此,在课程结构优化的过程中,高校要注重信息知识和技能技巧的创新;同时,也要将素质教育创新作为核心内容,努力做到使学生在提高自身身体素质的同时,提高自身的综合素质,促进学生的全面发展。

(三)注重教师素质水平的提升

要想实现高校体育教学的创新,在注重课程优化和教学目标制定的基础上,提升教师的业务素质水平也非常重要。因此,相关部门和领导要注重教师师资队伍的建设,要大力引入具有创新性思维,授课方式较为个性的教师,鼓励教师积极参与体育教学科研项目,培养教师的科研精神。在科研过程中激发教师的创新能力,这样教师才能更好地在教学过程中培养学生的创新思维,实现高校体育教学模式的创新与改革。

(四)更新教育观念,树立创新意识

开展创新教育,不仅需要一定数量的教师,而且需要素质过硬的创造型教师。也就是说,没有一支具有良好素质的教师队伍,创新教育就不可能顺利进行。具有创造精神的教师,能够利用一切机会和条件激发学生的创造欲望,满足学生的心理需要,并能够不失时机、随时随地培养创造素质。

现代心理学对创造心理的研究表明,创造力可以表现在人类的各种社会实践活动中,如在身体运动、语言等方面,人们都可以有出色的表现和发展。因此,要真正承认学生有创造力,就要去发现学生的创造力,认识学生的创造力。传统教育观念以传授知识为核心,以培养熟练掌握书本知识的人才为目标,因此,必然导致学生以教师、课堂、书本为中心,这不利于学生创造心理素质的培养。现代教育观以培养创新能力为目标,倡导以学生为主,积极引导学生勇于探索、积极思考,直至领悟知识的形

成和发展规律，并在探究中培养学生的创新能力。以实践操作为主要手段的体育教学，要做到体育知识与运动实践的有机结合，教师应科学地设计教法、合理地选择学法，设计学生参与学和练的整个过程，努力创设贴近学生生活实际、适应社会需求的体育锻炼环境和运动训练项目，重应用、重实践，在应用和实践中培养学生的创新意识、创新精神和实践能力。

参考文献

[1]蔡文锋，刘亚飞，田登辉．高校体育教学改革理论与方法多维探究[M]．北京：九州出版社，2020．

[2]陈雷．高校体育教学理论与训练实践研究[M]．哈尔滨：黑龙江科学技术出版社，2023．

[3]丁勇春．高校体育教学理论与实践研究[M]．北京：海洋出版社，2019．

[4]杜成林，回军，贾海波．高校体育教学理论与实践发展研究[M]．长春：吉林大学出版社，2020．

[5]郭丽艳，张婵，何福兴．高校体育教学理论研究与技能培养[M]．长春：吉林出版集团股份有限公司，2021．

[6]吉丽娜，李磊．高校体育教学与训练理论实践探究[M]．北京：地质出版社，2017．

[7]焦峪平，包希哲．高校体育教学理论与实践[M]．长春：吉林出版集团股份有限公司，2020．

[8]李梅，李娜．高校体育教学理论与实践研究[M]．长春：吉林大学出版社，2018．

[9]刘海军，刘刚，裴钢辉．基于素质教育导向的高校体育教学方法、模式改革理论与实践[M]．北京：中国纺织出版社，2019．

[10]刘海洋，杨战广，杨少洁．基于有效教学理论的高校体育教学研究[M]．北京：中国商业出版社，2022．

[11]刘满．现代高校体育健康教学理论与发展新探[M]．北京：北京工业大学出版社，2021．

[12]孙丽萍．新时代高校体育教学理论探索与实务研究[M]．长春：吉林大学出版社，2021．

[13]孙银蔓.高校公共体育理论课网络教学系统的分析与设计[M].成都:四川大学出版社,2015.
[14]孙越鹏,宋丽丹.高校体育教学理论及改革创新研究[M].北京:新华出版社,2018.
[15]王翠娟,王丽娜,张雪飞.高校体育教学理论与健美操训练研究[M].长春:吉林出版集团股份有限公司,2024.
[16]王汉锋,李一良,刘莉媛.高校体育教学理论创新研究[M].长春:吉林科学技术出版社,2023.
[17]王俊鹏.高校体育教学理论与实践研究[M].长春:吉林科学技术出版社,2019.
[18]王姗.普通高校体育教学理论与实践[M].北京:中国原子能出版社,2020.
[19]杨枭.高校体育教学理论探索与实务研究[M].北京:中国社会科学出版社,2016.
[20]余秋琦.高校体育教学理论研究与技能培养研究[M].长春:吉林出版集团股份有限公司,2023.
[21]袁峰.素质教育背景下高校体育教学理论与训练研究[M].湘潭:湘潭大学出版社,2024.
[22]张杰,李洪波,丁焕香.高校体育教学理论与实践研究[M].长春:吉林出版集团股份有限公司,2023.
[23]张丽蓉,董柔,童舟.人文精神视阈下高校体育教学模式的理论构建[M].北京:中国纺织出版社,2019.
[24]郑立业.高校体育教学理论探究与实践[M].北京:原子能出版社,2020.
[25]朱明江.新时代高校体育教学理论解析与模式创新研究[M].北京:中国水利水电出版社,2021.